Helen Roseveare

# Die Entdeckung der Freude – trotz allem

HELEN ROSEVEARE

# Die Entdeckung der Freude – trotz allem

FSC
www.fsc.org
MIX
Papier aus verantwortungsvollen Quellen
FSC® C014496

Helen Roseveare
**Die Entdeckung der Freude – trotz allem**

Best.-Nr. 271 769
ISBN 978-3-86353-769-2
Christliche Verlagsgesellschaft Dillenburg

Titel des englischen Originals:
**Count it ALL joy!**

Published by Christian Focus Publications, Ltd.



2. Auflage 2022

www.cv-dillenburg.de

Übersetzung: Ilse-Marie Neuroth
Satz und Umschlaggestaltung:
Christliche Verlagsgesellschaft Dillenburg
Umschlagmotive:
Pflanze: @ Shutterstock.com/Pertusinas
Hintergrund: Designed by rawpixel.com / Freepik

Druck: GGP Media GmbH, Pößneck
Printed in Germany

# Inhalt

**Haltet es für lauter Freude, meine Brüder, wenn ihr in mancherlei Versuchungen geratet.**

**Jakobus 1,2**

**Helen Roseveare** (1925–2016) kam während ihres Medizinstudiums in Cambridge zum lebendigen Glauben an Jesus Christus. Sie verzichtete auf eine medizinische Karriere in England und reiste 1953 als Missionsärztin des *Worldwide Evangelization for Christ* (WEC) in den Kongo aus. Im Nordosten des Landes baute sie ein Krankenhaus und eine medizinische Ausbildungsstätte auf und sorgte gemeinsam mit einheimischen Kräften für den Umbau einer ehemaligen Lepraklinik zu einem 100-Betten-Krankenhaus samt Ausbildungszentrum. Außerdem war sie am Aufbau weiterer 48 Kliniken beteiligt.

Viele dieser medizinischen Einrichtungen wurden nach Ausbruch des Bürgerkriegs 1964 zerstört. Bei den politischen Unruhen kamen Tausende Menschen ums Leben, darunter auch vier Mitarbeiter des WEC. Mit anderen Missionaren war Helen Roseveare fünf Monate lang in Gefangenschaft und erlebte das Trauma von Misshandlung und Vergewaltigung, doch sie hatte eine so tiefe Erfahrung von Gottes Liebe und Trost, dass sie später sagen konnte: „Plötzlich wusste ich, wusste ich wirklich, dass seine Liebe unaussprechlich genügt."

Nach einer Pause in der Heimat kehrte sie in den Kongo zurück und arbeitete noch sieben Jahre dort, bevor sie sich 1973 in Nordirland niederließ. Als Autorin zahlreicher Bücher und als eindringliche und humorvolle Rednerin war sie international bekannt und geschätzt.

Der **WEC International** (Weltweiter Einsatz für Christus) ist eine internationale Missionsgemeinschaft, die in Partnerschaft mit Gemeinden Mitarbeiter aussendet, ihren Dienst im Ausland begleitet und sich vielfältig für Missionsmotivation einsetzt. Derzeit sind 1800 Mitarbeiter aus 50 Nationen in 70 Ländern tätig. Gegründet wurde die Mission 1913 von dem Engländer Charles Thomas Studd, und sie hatte ihr erstes Arbeitsfeld im Kongo.

Zentrales Anliegen des WEC ist es, „dass Jesus Christus unter bedürftigen Menschen und in den am wenigsten erreichten Volksgruppen erkannt, geliebt und angebetet wird.“

wec-international.de
wec-international.ch

# Vorwort

Vor Kurzem kam ich in meiner täglichen Bibellese zu einem Vers im Jakobusbrief, der mich sehr bewegte. Es war eine klare Anweisung von Gott, und ich wusste sofort, dass ich sie nicht ganz befolgte. Mir fiel dabei ein, dass Frances Ridley Havergal in ihrem Büchlein „Königliche Gebote" schreibt, sie habe sich vorgenommen, die Bibel durchzulesen und auf Gebote zu achten, die sie bisher nicht bemerkt hatte, um ihnen ebenfalls zu gehorchen. Sie sehnte sich danach, keine von Gottes Vorschriften zu missachten und allem, was er wünschte, ganz zu gehorchen. Sie schreibt: *„‚Halte und suche alle Gebote des Herrn, deines Gottes'* (1. Chronik 28,8). Wir scheuen davor sogar in gewisser Weise zurück. Wir haben Angst, etwas zu finden, was vielleicht besonders schwer zu halten wäre ... Eigentlich wäre es doch genug zu versuchen, die Gebote zu halten, die wir bereits kennen, und nicht nach noch weiteren zu suchen." Als ich das damals las, dachte ich: Oh je, ich finde es schon schwer genug, die Gebote zu halten, die ich kenne, ohne noch andere zu suchen!

Aber jetzt rüttelte mich diese Anweisung im Jakobusbrief auf: „Haltet es für lauter Freude, ...

wenn ihr in mancherlei Versuchungen geratet" (Jakobus 1,2). Hatte ich wirklich richtig gelesen? War das nicht ein bisschen zu viel verlangt? Erst vor Kurzem hatte ich mich mit Paulus' Aussage in Philipper 4,11 auseinandergesetzt: „Ich habe gelernt, in jeder Lebenslage zufrieden zu sein ..." (NGÜ). In meinem jüngsten Buch „Enough" (Dt.: „Genug") hatte ich sogar geäußert, dass ich mit diesem Anspruch, Gottes Willen zu akzeptierten, nun besser zurechtkäme. Aber mit „Haltet es für lauter Freude"? Nein! Und der Vers im Jakobusbrief erwähnt ausdrücklich, dass schwere Momente, Versuchungen gemeint sind. Sie als Teil von Gottes Willen anzunehmen, ja, das mag in Ordnung sein, aber „es für Freude zu halten" – so weit war ich noch nicht.

So fing ich an, mir Gedanken zu machen, ob das Wort, das mit „Freude" übersetzt ist, im Original vielleicht eine andere Nebenbedeutung hätte. Freude bedeutet für uns normalerweise Fröhlichkeit über etwas Erreichtes, Zustimmung. Es ist aber dasselbe Wort, das in Hebräer 12,2 im Zusammenhang mit unserem Herrn Jesus verwendet wird: Jesus, „der um der vor ihm liegenden Freude willen die Schande nicht achtete und das Kreuz erduldete und sich gesetzt hat zur Rechten des Thrones Gottes".

*Chará*, das griechische Wort für Freude, wird in den Evangelien 20 Mal verwendet, oft im Zusammenhang mit Jesus. Wir finden das Wort in

Lukas 8,13, wo Jesus die Bedeutung des Gleichnisses vom Sämann erklärt: „Die aber auf dem Felsen sind die, welche, wenn sie hören, das Wort *mit Freuden* aufnehmen." Die Frau, die ihre wertvolle Silbermünze verloren hat und sie wiederfindet, ruft ihre Nachbarn zusammen und sagt: *„Freut* euch mit mir! Denn ich habe die Drachme gefunden, die ich verloren hatte" (Lukas 15,9). Und Jesus fügt hinzu: „So, sage ich euch, ist *Freude* vor den Engeln Gottes über einen Sünder, der Buße tut" (Lukas 15,10). Singen die Engel, die den Hirten die Geburt Jesu ankündigen, nicht von eben dieser Freude? „Ich verkündige euch große *Freude,* die für das ganze Volk sein wird. Denn euch ist heute ein Retter geboren, der ist Christus, der Herr, in Davids Stadt" (Lukas 2,10-11). Als Jesus seine Jünger auf seinen Abschied vorbereitet, sagt er: „Auch ihr nun habt jetzt zwar Traurigkeit; aber ich werde euch wiedersehen, und euer Herz wird sich *freuen,* und eure Freude nimmt niemand von euch" (Johannes 16,22).

Wenn *chará* uneingeschränkte Freude bedeutet – kann ich dann ehrlich sagen, dass ich alles, was kommt, „für lauter Freude" halte, auch wenn es Versuchungen, Kummer und Schwierigkeiten sind?

Zu all dem lässt sich hinzufügen, dass wir in den Psalmen immer wieder aufgefordert werden, vor dem Herrn zu „jauchzen" (z. B. Psalm 98,4; 100,1). Im Hebräerbrief wird den Glaubensgeschwistern empfohlen, „den Raub (ihrer) Güter mit *Freuden*“ aufzunehmen“ (Hebräer 10,34) – wieder frage ich mich: Geht das nicht ein bisschen zu weit? Als Paulus den Christen in Kolossä schrieb, um sie zu einem Lebenswandel zu ermutigen, der des Herrn würdig und „zu allem Wohlgefallen“ sei, betete er für sie, dass sie gestärkt würden „zu allem Ausharren und aller Langmut, mit *Freuden* dem Vater danksagend“ (Kolosser 1,10-12).

Mir wird bewusst, dass es einen parallelen Zusammenhang von Versen gibt, die darauf basieren, „allezeit dankbar zu sein“. Im Brief an die Thessalonicher verbindet Paulus sogar Freude, Gebet und Danken in einem Satz – und versichert uns, dass dies „in jeder Lage“ (!) Gottes Wille in Jesus Christus für uns ist (1. Thessalonicher 5,16-18: „Freut euch allezeit! Betet unablässig! Sagt in allem Dank! Denn dies ist der Wille Gottes in Christus Jesus für euch.“). Ähnlich sagt er im Philipperbrief (Philipper 4,4): „Freut euch im Herrn allezeit! Wiederum will ich sagen: Freut euch!“ und (Philipper 4,6): „Seid um nichts besorgt, sondern in allem sollen durch Gebet und Flehen mit Danksagung eure Anliegen vor Gott kundwerden.“ Dies sind Aufforderungen, keine bloßen Gefühle.

Das zwang mich, ernsthaft darüber nachzudenken: Wie sind solche Aufforderungen denkbar? Wo entgeht mir da etwas?

Ich schaute zurück auf das, was Gott mir gegeben hatte, um mein Buch „Enough“ zu schreiben.

Ich bin völlig davon überzeugt, dass seine Gnade für uns in jeder Situation, in jeder Versuchung ausreicht, und begann zu sehen, dass diese wunderbare Tatsache Gottes Teil des „Abkommens" ist. Seine Gnade reicht aus – es gibt genügend für jeden von uns, damit wir alles bekommen, was wir brauchen. Wie soll unsere Reaktion darauf aussehen?

Mir kam dann der Abend in den Sinn, an dem ich zum ersten Mal das Evangelium hörte – dass Jesus, Gottes einziger Sohn, *für mich* am Kreuz gestorben ist und die Strafe für all mein Versagen, all meine Sündhaftigkeit auf sich nahm und den vollen Preis dafür bezahlte, den der heilige Gott verlangte, sodass ich Vergebung bekam, wiederhergestellt und in Gottes Familie aufgenommen wurde. Ich trat in Gottes erstaunliche und überwältigende Liebe ein. Am selben Abend bekam ich eine Bibel geschenkt. Dr. Graham Scroggie schrieb einen Vers für mich hinein: „... (Christus) möchte ich erkennen und die Kraft seiner Auferstehung und die Gemeinschaft seiner Leiden" (Philipper 3,10). Er sagte zu mir: „Heute Abend haben Sie damit begonnen, ihn zu erkennen. Ich bete für Sie, dass Sie immer mehr von der Kraft seiner Auferstehung erleben." Dann schaute er mich direkt an und fuhr fort: „Vielleicht wird Ihnen der Herr eines Tages das Privileg geben, an seinen Leiden teilzuhaben."

Ich war gerade eine halbe Stunde Christ und bekam gesagt, dass es ein Privileg sei, mit ihm und für ihn zu leiden! Und doch ... ja! Das ist das Fundament meines Christseins geworden. Meine Antwort auf seine Gnade muss sein, dass mir das Privileg bewusst ist, egal, was geschieht.

Römer 8,28 ermahnt uns als Christen: „Wir wissen aber, dass denen, die Gott lieben, alle Dinge zum Guten mitwirken, denen, die nach seinem Vorsatz berufen sind." Ich kenne diesen Vers seit Jahren. Ich habe darüber Vorträge gehalten. Ich habe andere aufgefordert, diese wunderbare Wahrheit anzunehmen und zu glauben. Doch plötzlich sah ich sie aus einer anderen Perspektive. Mit anderen Worten sagte Gott zu mir: In meinem Vertrauen zu ihm und in meinem Leben in ihm und für ihn kann ich sicher wissen, dass nichts durch Zufall oder aus Versehen mein Leben berührt. Gott ist Herr der Lage, und in der Erfüllung seines Willens – in einem größeren Bild, als ich es sehen kann – ist alles Große und Kleine, das in mein Leben kommt, Teil seiner Absichten. Das ist äußerst erstaunlich! Er bietet mir das Privileg an, Teil seines Ziels, seines Plans zu sein, und das jeden Augenblick. So kann ich alles, was mir begegnet, als *Privileg* ansehen! Ob es mich verletzt oder erfreut, ob ich den Sinn darin erkenne oder nicht, alles ist ein *Privileg*. Wenn das stimmt, dann ist der nächste Schritt der, zu sagen – und auch wirklich zu meinen –, dass ich mich in allem freuen *kann,* es für lauter Freude halten kann, auch in Versuchungen und Trübsal.

Ich schaue nun auf 70 Jahre zurück, in denen ich Jesus geliebt und ihm gedient habe. Im Rückblick ist es oft so viel leichter, zu sehen, wie sich jeder Umstand zu einem „Freudenprivileg“ entwickelt hat. Aber ich bin sicher, dass wir beim Wachsen in der Gnade immer mehr dahin kommen, diese ungeheure Wahrheit täglich anzunehmen und zu verstehen, und das nicht erst auf einen späteren Rückblick verschieben oder darauf warten zu müssen.

Helen Roseveare

# 1.
# Durchgefallen!

Fast sechs intensive Jahre des Medizinstudiums lagen hinter mir. Das Examen stand bevor, und mir wurde langsam mulmig zumute. Das Examen bestand aus zwei Teilen, acht Prüfungen im ersten, zwölf Prüfungen im zweiten Teil. Ich hatte mich dazu entschlossen, die beiden Teile getrennt voneinander abzulegen.

Drei Jahre lang hatte ich in Süd-London in der Zentrale der Missionsgesellschaft WEC gelebt, während ich am *West London Hospital* in Hammersmith studierte. Der Termin meines Abschlussexamens rückte näher, und jeder in der Missionszentrale betete für mich. Auf wunderbare Weise hatte Gott das notwendige Geld für die Teilnahme an den Prüfungen, die Reise nach Cambridge und die siebentägige Unterbringung dort zur Verfügung gestellt.

Der erste Prüfungstag kam ... Ich hatte einen Zeitplan für die vor mir liegenden zehn Prüfungstage erhalten. Es handelte sich um schriftliche, mündliche und praktische Prüfungen. Von viel Gebet getragen kam ich mit etwa 180 anderen Studenten im Prüfungsgebäude an, und es ging los. Sehr intensive zehn Tage folgten, doch war ich ganz zufrieden damit, dass ich mit jeder Einzelprüfung zurechtgekommen war. Am letzten Tag wurden in alphabetischer Reihenfolge die Namen derer vorgelesen, die alle acht Fächer bestanden hatten, erst die Männer, dann die Frauen. Mein Name war im Alphabet ganz hinten, und ich wartete ... vergeblich. Mein Name wurde nicht vorgelesen. Ich war durchgefallen.

Später erfuhr ich, dass ich nur in *einem* praktischen Fach durchgefallen war (in Geburtshilfe), aber dass ich mich allen Prüfungen erneut unterziehen musste. Mir sank das Herz – doch sofort entschloss ich mich, sechs Monate später beide Teile des Examens zusammen abzulegen. Ich reiste zur WEC-Zentrale zurück und lernte und betete weiter. Sechs Monate später ging ich durch die gleiche Prozedur, aber diesmal mit 20 Fächern auf einmal. Die Prüfungen erstreckten sich über zwei Wochen; dabei fanden an zehn Tagen sogar zwei Prüfungen statt. Im Bewusstsein, dass es schwierig würde, machte ich mich (ich denke, mutig) daran, die Sache in Angriff zu nehmen, wieder mit viel Gebetsunterstützung von allen Freunden in der Mission.

Kaum war am zweiten Freitagnachmittag das letzte mündliche Examen vorbei, als wir alle in den Hauptsaal gerufen wurden, um die Ergebnisse zu erfahren. Mein Schwager war ebenfalls da und wartete auf sein Resultat. Wir hatten beide eine Kleinigkeit als Geschenk für den anderen gekauft, um uns gegenseitig zum neuerworbenen Arzttitel zu beglückwünschen. Wieder musste ich die schreckliche Wartezeit ertragen und das langsame Verlesen der Namen anhören. Dann kam eine für mich herzzerreißende Stille, als mein Name nicht vorgelesen wurde. Ich war wieder durchgefallen!

John und ich tauschten trotzdem unsere Geschenke aus, und ich bat ihn, meine Mutter anzurufen und ihr zu erzählen, dass ich durchgefallen sei. Ich hatte einfach nicht den Mut, das selbst zu tun. Wie konnte das bloß sein? Ich studierte doch deshalb Medizin, um Gott im Ausland als Missionarin zu dienen ... und so viele hatten für mich gebetet! Ich war am Boden zerstört.

Später erfuhr ich, dass ich wieder nur wegen einer einzigen Prüfung (Pharmakologie) durchgefallen war, aber wieder die ganzen zwölf Prüfungen des zweiten Teils erneut absolvieren müsse. So folgten wieder sechs Monate intensiven Lernens. Ich stopfte meinen Kopf mit Fakten und Zahlen voll, und versuchte, seitenweise Notizen und Fachbücher auswendig zu lernen. Dann fuhr ich wieder nach Cambridge und machte die Prüfung erneut – und diesmal bestand ich durch Gottes Gnade und Güte!

Kann ich im Rückblick ehrlich sagen, dass ich „es für lauter Freude hielt"? Ganz bestimmt nicht! Ich fand es sehr schwer, mit dieser Anfechtung zurechtzukommen, obwohl ich mich natürlich sehr über das Endergebnis freute. Ich fragte mich immer wieder: Warum war ich durchgefallen? Warum war das passiert, obwohl so viele gebetet hatten und mein Ziel doch gut war und es doch deutlich zu Gottes Willen zu gehören schien, dass ich ihm dienen wollte, wo immer er mich hinschicken würde, um mithilfe meiner medizinischen Fähigkeiten Menschen auf Jesus hinzuweisen?

Meine Vorbereitungen wurden fortgesetzt. Ich studierte neun Monate lang in Belgien, um Französisch zu lernen und ein Diplom in Tropenmedizin und Hygiene zu erwerben. Dadurch hatte ich das Recht, in Belgisch-Kongo zu praktizieren, damals eine Kolonie Belgiens in Zentralafrika. Dann schlossen sich sechs Monate der Vorbereitung im WEC-Missionszentrum an, um in die Mission aufgenommen zu werden und in Belgisch-Kongo zu dienen. Danach reiste ich per Schiff aus und erreichte endlich nach einer sechswöchigen Reise unsere Arbeit im „Herzen Afrikas".

Jahre später hatte ich ein Erlebnis, das mir meinen Werdegang und die Anfechtungen auf dem Weg, Ärztin zu werden, wieder in Erinnerung rief.

Wir hatten auf einer Lichtung am Rande des großen Ituri-Dschungels ein kleines Krankenhaus gebaut. Damit entstand die Notwendigkeit, afrikanische Studenten zu „medizinischen Hilfskräften" auszubilden – nicht so geschult wie Ärzte, sondern mehr als Pfleger –, die die meisten Aufgaben bei der Patientenbetreuung übernehmen konnten. Daher führten wir einen 18-Monate-Kurs durch, praktisch ohne Vorgaben der Regierung, aber mit ihrer Erlaubnis. Am Ende der Ausbildung wurden die ersten acht jungen Schüler zur offiziellen Prüfung zugelassen. Einer fiel durch – und war untröstlich.

Ich bestellte ihn in mein „Büro", übergab ihm die Papiere und die Prüfungsergebnisse und erklärte ihm betrübt, dass er ohne das begehrte Diplom in sein Dorf würde zurückkehren müssen. Wir sprachen Französisch, die offizielle Amtssprache. Dann lud ich ihn zu mir nach Hause ein. Dort saßen wir bei einer Tasse Kaffee zusammen, ich sprach Suaheli mit ihm, unsere gemeinsame Sprache, in der er mich besser verstehen konnte und in der ich ihn behandeln konnte, als sei ich seine Mutter. Ich erzählte ihm, wie ich vor vielen Jahren durch meine medizinischen Examina durchgefallen war.

„Sie sind durchgefallen?", rief er ungläubig aus.

Meinen afrikanischen Freunden erschien dies unvorstellbar. Sie glaubten, ich wisse alles. Aber ich versicherte ihm, dass es stimmte: Ich war durchgefallen. „Aber", fügte ich schnell hinzu, „ich ging zurück und versuchte es noch einmal."

Nach einem Augenblick der Stille fragte er mich: „Kann ich es noch einmal versuchen?" – „Ja", sagte ich, „und wir alle werden dir helfen, so sehr wir können, dass du es nächstes Mal schaffst."

Es war erstaunlich, wie sich sein Gesichtsausdruck veränderte. Er schüttelte mir fest die Hand und versicherte mir: „Nächstes Mal werde ich Sie nicht wieder enttäuschen", und ging mit neuer Entschlossenheit zu den anderen Schülern zurück.

Ich war im Stillen verwundert. „Lieber Herr, danke, dass du mir gezeigt hast, warum du mich dafür vorgesehen hattest, damals in meinem Abschlussexamen durchzufallen – damit ich fähig sein würde, diesem jungen Mann heute zu helfen."

Aber ich weiß, das war nicht der einzige Grund. Es hat mir für meinen eigenen geistlichen Weg mit dem Herrn überaus gut getan, seinen Willen über meinen eigenen zu setzen. Mit Sicherheit bereiteten mich diese zusätzlichen Monate, in denen ich all die Fächer nochmals lernen musste, auf eine der außergewöhnlichen Schwierigkeiten vor, denen ich im Kongo ausgesetzt war: dass ich alleine auf mich gestellt arbeiten musste, ohne jemanden zu haben, den ich fragen konnte, ohne angemessene Ausrüstung und oft ohne ausreichendes Wissen darüber, wie das zu tun war, was getan werden musste.

Ja, im Rückblick konnte ich es jetzt „für lauter Freude halten" – aber hätte ich nicht die Demut und die Empfänglichkeit haben können, Gott schon damals zu vertrauen? Hätte ich nicht glauben können, dass er wusste, warum es so, wie er es geplant hatte, besser war als auf meine Weise ...?

# 2.
# Von Ibambi nach Nebobongo

Ich kam an einem Dienstagabend im März 1953 in Ibambi an und wurde im Haus von Jack und Jessie Scholes, den Leitern unserer Mission, mit großem Hallo willkommen geheißen. Damals hieß der WEC noch HAM, *Heart of Africa Mission*, aber er stand kurz davor, sich in WEC *(Worldwide Evangelization Crusade)* umzubenennen (später *Worldwide Evangelization for Christ)*. HAM war für die Verkündigung des Evangeliums in einem Gebiet im Nordosten des Kongo zuständig, das etwa die Größe Großbritanniens hatte. In der Mitte lag das Dorf Ibambi, wo die Scholes' eine Bibelschule leiteten und das Ehepaar Cripps mit einem einheimischen Team eine Druckerei betrieb. Das Dorf lag am Rande des großen Ituri-Urwalds, und das ganze Jahr über herrschte feuchte Hitze.

Anfangs hatte ich ein Zimmer im Haus des Ehepaars Scholes, und ich wurde gebeten, von hier aus eine medizinische Versorgung für die 500 000 Menschen, denen wir dienen wollten, aufzubauen. Bald wurde mir ein kleines Drei-Zimmer-Haus überlassen, von wo aus ich beginnen konnte. Trommeln verkündeten die Botschaft: „Unsere Ärztin ist da." Dann begannen die Leute zu kommen, vor allem Frauen, die ihre Babys trugen und kleine Kinder dabeihatten. Sie kamen Tag und Nacht scharenweise, manchmal bis zu 200 täglich. Ich erlebte den Lärm, die Hitze, den Geruch und das wachsende Gefühl der Unfähigkeit, aber ich ließ mich auf das ein, was zunächst wie ein unmögliches Unterfangen aussah.

Fast sofort war klar, dass ich ein Team freiwilliger Helfer ausbilden musste .... und dass ich dann auch *bauen* musste, erst eine Station für Frauen und Kinder, dann eine kleinere Station für Männer. Alle möglichen Leute kamen, Patienten, Bauleute, Schüler. Die Arbeit wuchs unglaublich schnell, bis 18 Monate später die ersten acht jungen Männer so weit waren, dass sie sich dem staatlichen Examen unterziehen konnten, um Hilfspfleger zu werden. Wir waren alle aufgeregt – und ziemlich stolz auf unsere neue, selbst genähte Arbeitskleidung.

So begannen wir in einem Drei-Zimmer-Krankenhaus und entwickelten eine allgemeine medizinische Versorgung für unsere halbe Million Patienten. Meine frisch examinierten Assistenten lernten zwar eifrig, aber ihr Wissen war so begrenzt, dass sie ständig bei allem überwacht werden mussten. Und ich musste so viel Zeit darauf verwenden, Dinge in meinen wenigen Büchern, die ich mitgebracht hatte, nachzuschauen – alles Lehrbücher ohne Schwerpunkt auf Tropenmedizin. Es war alles sehr frustrierend.

Dann kam eines Tages ein junger Bursche aus dem Haus der Scholes herüber und bat mich, zu einem Treffen des Missionskomitees mitzukommen. Ich ging hinüber – unvorbereitet auf das, was mich erwartete, und wahrscheinlich voller Stolz auf das, was wir bisher erreicht hatten. Jessie Scholes empfing mich und sagte, dass das Leitungskomitee gerade beschäftigt sei. Sie lud mich in ihr Zimmer ein, damit ich dort warten könnte, bis ich hereingerufen würde, und erzählte mir kurz, was man mir vorschlagen wollte.

„Die medizinische Arbeit wächst so schnell", erklärte sie, „dass wir befürchten, sie wird alles andere hier in Ibambi überdecken. Und deshalb möchte das Komitee Sie nach Nebobongo schicken, damit Ihre Arbeit sich dort entwickelt." Es handelte sich um eine kleine Lichtung im Urwald, wo Edith Moules einige Jahre zuvor eine Leprastation des WEC begonnen hatte. Dort gab es immer noch ein „Lager" für Leprakranke, ein Waisenheim für die Kinder dieser Kranken und zwei Backsteinhäuser für die Missionare, die sich um die Patienten und die Kinder kümmerten, aber sonst kaum etwas. Die Lichtung war mehr oder weniger zugewachsen, und es herrschte eine Atmosphäre der Entmutigung.

Mir drehte sich bei Jessies Worten das Herz um. „Das ist Wahnsinn!", war meine sofortige Reaktion. Ich war wütend. Niemand hatte mich nach meiner Meinung gefragt. Wer sollte die Einrichtungen bauen, die nötig waren, um ein medizinisches Projekt in Gang zu bringen?

Jessie schlug vor, gemeinsam zu beten, bis das Komitee so weit sei. Beten?! Auf keinen Fall!, dachte ich. In meinem Zorn wollte ich ihnen nur zeigen, wie unvernünftig der Vorschlag war ... Und doch denke ich, dass ich wusste: Wenn wir jetzt beten würden, würde Gott mich bitten, nachzugeben und ihre Vorgaben zu akzeptieren, statt meine eigene Meinung durchzusetzen.

Jessie spürte meinen rebellischen Geist. Sie betete still und ignorierte mich praktisch. Langsam beruhigte sich mein Herz, und ich flüsterte Gott innerlich zu: „Bitte vergib mir und hilf mir, das zu akzeptieren, was das Komitee sagt.“ Aber bestimmt freute sich nichts in mir über diese Entscheidung.

Das Komitee rief mich hinein, erklärte seine Sichtweise und schlug mir vor, in etwa vier Wochen den Umzug zu planen – mit Sack und Pack. Sie würden mir helfen, mich in Nebobongo niederzulassen.

Ich sagte nichts. Gott hatte den Kampf gewonnen, als Jessie betete – und ich akzeptierte die Entscheidung einfach. Jedoch nicht mit Freude und Fröhlichkeit und auch nicht in sanftmütiger Unterwerfung, sondern rein aus der Notwendigkeit heraus. Vier Wochen später zog ich um.

Dann musste ich mich den Aufgaben stellen, die zu tun waren. Patienten strömten in Scharen herbei, nachdem die Trommeln die Botschaft verbreitet hatten: „Unsere Ärztin ist nun in Nebobongo." Ich brauchte ein Sprechzimmer, eine Apotheke, ein Labor, eine Wartehalle, Pflegestationen – und das war nur der Anfang! Es würden Arbeiter nötig sein, die solche Einrichtungen bauten, jedoch hatten solche Arbeiter meist Familien, die ja irgendwo wohnen mussten. Wir würden eine Schule für die Kinder brauchen. Ich würde sie alle ernähren müssen, würde mich um sie kümmern müssen, wenn sie krank waren, würde Pflegepersonal ausbilden und einkleiden müssen. Die Probleme ballten sich immer drohender zusammen – und warum hatte „das Komitee" das nicht kommen sehen? Dachten sie, ich würde mit all dem allein fertigwerden? Und wer sollte das alles bezahlen?

Als ich Jahre später auf diesen Umzug zurückblickte und auf all das, was in den elf Jahren danach daraus entstanden war, konnte ich sehen: Ja, Gott hatte die Fäden in der Hand, und es war zum Besten. Aber zum damaligen Zeitpunkt? Nein, ich konnte es nicht sehen! Ich akzeptierte, dass die Komiteemitglieder das Recht hatten, Entscheidungen zu fällen, aber ich empfand sie als gefühllos. Warum hatten sie mich nicht gefragt, was ich über den geplanten Umzug dachte? Wie kamen sie darauf zu meinen, dass eine ledige Missionarin, die eine medizinische Ausbildung hatte, Architektin, Baumeisterin, Lehrerin für alle Altersgruppen und in allen Fächern, Versorgerin für eine stets wachsende Familie und dazu Leiterin der einheimischen Gemeinde und Entwicklerin eines medizinischen Dienstes für das Riesengebiet sein sollte, für das der WEC offenbar zuständig war?

Jedoch, Murren hin oder her – ich warf mich sofort in die Anforderungen dieser verschiedenen Rollen. Bald hatte ich eine Idee, wenn nicht sogar eine Vision für das, was wir nach und nach tun mussten. Ich bemühte mich, verschiedene Gruppen für die verschiedenen Aufgaben auszubilden. Wir stellten einen Schlachtplan auf und aktualisierten ihn jeden Monat. Insgesamt gefiel mir die Herausforderung, und ich war entschlossen, nicht zu murren, sondern alles bis zum Ziel durchzuziehen. Und in allem durfte ich mich an der Freundschaft mit einigen afrikanischen Frauen freuen, die mich liebten und mir beistanden, auch wenn ich Fehler machte.

Agoya, ein Absolvent der Bibelschule, kam, um die Gemeinde zu „übernehmen". Er und ich arbeiteten zusammen, sodass Bibellehre die Grundlage jeden Tages bildete und jede Entscheidung von Gebet geprägt war. Agoyas Frau, Mama Taadi, wurde eine meiner engsten Freundinnen. Fast jeden Tag trafen wir uns zum Beten und Bibellesen und um uns gegenseitig in der Liebe zum Erlöser zu ermutigen. Eine andere liebe Freundin war Mama Damari, die wir als Hebamme ausbildeten und der wir die Betreuung der Hebammenschülerinnen sowie der kleinsten Babys in unserem Waisenheim übertrugen.

Aber die Müdigkeit und die Last der Verantwortung begannen, ihren Tribut zu fordern. Immer noch plagte ich mich mit der bedrückenden Frage: Warum? Warum kam niemand auf die Idee, mir zu helfen? „Sie“ schienen nicht einmal das wertzuschätzen, was wir taten. Gebäude entstanden, Kinder wurden in der Grundschule unterrichtet, Schüler erwarben medizinisches Grundwissen und wurden auf das begehrte staatliche Diplom zum Hilfspfleger vorbereitet, Bibelunterricht prägte die erste Stunde des Tages, das Evangelium wurde in den umliegenden Dörfern gepredigt, einfache Hygienemaßnahmen wurden vermittelt und vieles mehr.

Was ich nicht wahrnehmen konnte, war, dass Gott daran arbeitete, durch das alles *mich* zu verändern, *mich* Jesus ähnlicher zu machen – geduldiger, mitfühlender, vertrauensvoller und immer mehr abhängig von ihm im Hinblick auf das, was wir brauchten. Gott sah, dass diese Änderung *in mir* am besten in Nebobongo mit meinen kongolesischen Helfern erreicht werden konnte und nicht in Ibambi, wo ich mich mehr auf meine Missionarskollegen verlassen hätte.

Im Rückblick kann ich jetzt sehen, was Gott tat und was er alles mit eingeplant hatte – aber warum konnte ich das zu der damaligen Zeit nicht annehmen? Die Tatsache, dass Gott sich bemühte, *mich* in das umzugestalten, was er für mich geplant hatte, hätte mich demütig machen müssen. Sie hätte zu einem tiefen Empfinden führen müssen, welch ein Privileg es ist, Gott so am Herzen zu liegen, dass er sich um die nötigen Veränderungen kümmert. Ein solches Bewusstsein für das Privileg, Gottes Kind und in seiner Obhut zu sein, hätte mich in der Tat mit der Freude erfüllen können, die mir aber oft fehlte und nach der ich mich sehnte.

# 3.
# Regen!

Schon die Überschrift dieses Kapitels wird manche Leser an etwas erinnern, das ich früher einmal geschrieben habe, das zweite Kapitel des Buchs *Living Sacrifice* (Dt.: „Lebendiges Opfer"), aber da es vor 40 Jahren geschrieben wurde, vermute ich, dass die meisten es vergessen haben, wenn sie es überhaupt gelesen haben.

Ich war seit etwa vier Jahren im Kongo, inzwischen von Ibambi nach Nebobongo umgezogen, und lebte in einem großen Backsteinhaus, das frühere Missionare vor zwölf oder mehr Jahren gebaut hatten. Das steile Dach war mit Buschgras gedeckt, fast einen halben Meter dick und tonnenschwer, aber ich hatte erfahren, dass wir jedes Jahr wegen der heftigen Tropenstürme einige Zentimeter des Belags verloren. Es war deshalb nicht verwunderlich, dass das Dach nicht mehr regendicht war. Wenn sich ein Sturm ankündigte, ging ich umher und stellte Eimer und Schüsseln an die Stellen, die am durchlässigsten waren.

Als 1957 kurz vor Weihnachten die Trockenzeit begann, fand ich, es sei jetzt an der Zeit, sich ein Herz zu fassen, das Reet abzunehmen und es durch dauerhafte Welldachplatten zu ersetzen. Mindestens fünf Wochen lang war kein Tropfen Regen zu erwarten. Wir nahmen das alte Grasdach ab, nahmen Maß, markierten und sägten die Dachbalken zurecht, die dann vorsichtig mit Flaschenzügen in Position gebracht wurden. Als ich zu Bett ging, unter den Sternen lag und durch die kahlen Dachbalken zum dunklen Himmelsgewölbe aufschaute, war alles fertig, damit am nächsten Tag das Dach aufgesetzt werden konnte.

Plötzlich erwachte ich. Was hatte mich erschreckt? Ich tastete im Dunkeln nach meiner Taschenlampe und merkte auf einmal, dass ich nass war. Dann hörte ich ein stetiges Rascheln. Ich leuchtete mit dem dünnen Strahl meiner Taschenlampe die vier Wände meines Schlafzimmers ab: Regen strömte nieder. Die Wände verloren bald ihren weißen Kalkputz; meine „Bilder" (meist aus Zeitschriften ausgeschnitten) hingen schlaff herunter und wellten sich; der Fußboden war eine Masse aus Kalk und Schlamm. Mein Bett war völlig durchnässt.

Ich kroch aus dem Bett, holte einen Regenmantel und warf ihn über das Kopfkissen und das obere Bettende; an der Stelle, wo ich gelegen hatte, war es teilweise noch trocken. Dann suchte ich mir einen Schirm, kroch ins Bett zurück, setzte mich im Schneidersitz unter den Schirm und schlug die Bibel auf meinen Knien auf. Die Taschenlampe hielt ich zwischen den Zähnen, und ich kämpfte mit den Tränen, während ich die unaufhaltsame Zerstörung aller meiner Besitztümer beobachtete.

„Ihr habt ... den Raub eurer Güter mit Freuden aufgenommen" – diese Worte aus Hebräer 10,34 erschienen mir fast wie Hohn, als ich dort saß und auf das stetige Geräusch des fallenden Regens und das anschwellende Seufzen des Windes in den Bäumen draußen lauschte. Blitze zerrissen wie Messer den dunklen Himmel. Es war Trockenzeit, in der es nie regnete! Wir hatten die Bilder, Bodenmatten und Bücher nicht weggeräumt, weil es fünf bis sechs Wochen lang zwischen Weihnachten und Februar niemals regnete!

Am Morgen stand das schlammige Wasser zentimeterhoch im ganzen Haus und konnte wegen der Schwellen nicht nach draußen abfließen, Schwellen, die dazu gedacht waren, kein Wasser *ins* Haus zu lassen! Ich konnte den Anblick der Bücherregale nicht ertragen. Erst nach 36 Stunden war wieder die Sonne zu sehen. Zwei Tage später hatten Helfer das Wasser schließlich aus dem Haus entfernt. Dann begann die Aufgabe, die Bodenmatten und die Bücher zu trocknen.

Die Bücher waren eigens mit Schellack behandelt worden, damit sie bei der hohen Luftfeuchtigkeit nicht schimmelig wurden; nun führte diese als Schutz gedachte Maßnahme dazu, dass die Seiten nicht nur feucht waren, sondern auch aneinanderklebten. Jede Seite musste einzeln abgetupft werden, und es schienen endlos viele Seiten zu sein.

Die Arbeit musste auf die Nachtstunden verlegt werden, da die normalen Alltagspflichten Vorrang hatten. Selbstmitleid begann sich zu regen.

„Liebst du mich mehr als diese?", fragte mich eine Stimme. Die Frage bezog sich nicht nur auf meine Mitmissionare oder meine afrikanischen Kollegen, sie schien zu forschen: „Liebst du *mich* mehr als deine Bücher?" Hier war die Herausforderung an mich, echt zu sein. War meine behauptete Liebe zu Gott ein Vorwand? Wenn ich Gott so tief und so innig liebte, wie ich sagte, wie konnte ich dann so aufgelöst sein über den Verderb von ein paar Büchern, bloßen Büchern, materiellen Besitztümern? Hatte Gott diese Situation erlaubt, um mich mit der Realität zu konfrontieren?

Ich war berufen, „den Raub meiner Güter mit Freuden aufzunehmen" – eine Anweisung, wenn auch aus dem Kontext herausgelöst. Dies war Teil davon, „es für lauter Freude zu halten", und zwar in jeder Versuchung, in allen Umständen.

Diesmal erkannte ich Gottes Herausforderung sofort, mitten in den Umständen, und ich musste Antwort geben. Diesmal konnte die Sache nicht im Rückblick entschärft werden. Als ich an mich selbst dachte, wie ich da zusammengekrümmt auf dem Kopfkissen saß, einen Schirm über mich hielt und dem unablässigen Tropfen des Regens zuhörte, konnte ich lächeln. Doch als ich die durchnässten Bücher zu retten versuchte, als ich einen kostbaren Band in der Hand hielt, den mir meine Mutter mit Liebe geschenkt hatte, oder einen Packen aufgeweichtes Papier, das ich zum Tippen der täglichen Notizen für den Unterricht verwendet hatte, kam eine Welle von Tränen und löschte den gesunden Menschenverstand aus. Die Schrecklichkeit der nächtlichen Ereignisse erschütterte mich erneut.

Schließlich sah ich mich gezwungen zu akzeptieren, dass das, was geschehen war, nun mal geschehen war, und dass alles Weinen die Uhr nicht zurückdrehen konnte.

Ich dachte, ich hätte die Situation hinter mir gelassen. Jedoch erlebte ich Jahre später etwas Ähnliches und merkte, dass ich es immer noch nötig hatte, Gottes vorsorgende Liebe und sein Interesse an mir wirklich zu begreifen, statt zu fordern, dass Dinge anders sein sollten. Als der Bürgerkrieg im Kongo ausbrach, wurden wir Missionare von Rebellen gefangen genommen. Zum Glück wurden wir – wenn auch nach viel Leiden – Ende des Jahres aus der Gefangenschaft befreit und konnten nach Großbritannien zurückkehren. Aber während des folgenden Jahres, als die Nationalarmee versuchte, die nordöstliche Provinz zurückzuerobern, wurde mein Haus als „Refugium" für etwa 100 Einheimische bestimmt. Sie wurden hineingepfercht mit der Anweisung, hier zu bleiben, während die Armee alle Rebellen in der Gegend aufspürte und niedermetzelte. Den verängstigten Leuten in meinem Haus, es waren überwiegend Frauen und Kinder, stand keine Toilette zur Verfügung, und so waren sie gezwungen, meine Badewanne für ihre Bedürfnisse zu benutzen. Als Toilettenpapier dienten ihnen die herausgerissenen Seiten meiner kostbaren Bücher.

Schließlich kehrte ich nach Nebobongo zurück und nahm die Arbeit wieder auf. Meine Freunde hatten das Haus zu meinem Willkommen gesäubert und renoviert. Aber wo waren meine Bücher? Wo waren die Bücher, die ich nach jenem Tropenregen in der Trockenzeit so sorgfältig Seite für Seite getrocknet hatte? Dann erzählte man mir, was geschehen war.

Konnte ich die Situation einfach akzeptieren? Oder musste ich durch einen weiteren Trauerprozess hindurch? Dass wir den Verlust unserer materiellen Güter mit Freuden annehmen und dass wir alles als Freude ansehen sollen, ist Gottes Anweisung. Gott half mir zu akzeptieren, was geschehen war, denn mir war bewusst, dass die armen Leute einfach keine andere Wahl gehabt hatten. Und was bedeutete der Wert eines Buches, verglichen mit der Tatsache, dass Gott so viele von uns verschont hatte und uns die Möglichkeit gab, unseren Dienst für ihn fortzusetzen?

## 4.
# Kannst du mir danken?

Nachdem mich das Komitee nach Nebobongo geschickt hatte, bauten wir dort elf Jahre lang die Arbeit auf: Krankenpflege, Ausbildung, Grundschule, materielle Versorgung der wachsenden Gemeinschaft. Dann kam plötzlich im August 1964 der Bürgerkrieg. Es gab keine Vorwarnung (damals hatte ich kein Radio), doch an einem Sonntag, als ich eine kurze Mittagsruhe hielt, wurde ich vom Geräusch eines heranfahrenden Lastwagens und den Rufen von Soldaten geweckt. Bei dem heftigen Klopfen an der Vordertür lief es mir kalt den Rücken hinunter. Eine Gruppe wild dreinschauender Männer sprach mich in einer Sprache an, die ich nicht verstand.

Mein leitender Helfer, John Mangadima, erschien und übersetzte ihre Forderungen. „Sie haben einen verwundeten Zivilisten mitgebracht“, erklärte er, „und Sie sollen ihn untersuchen.“ Zivilist? Sollte das heißen, es herrschte Krieg? „Ich gehe mit Ihnen hinüber“, fuhr John fort. Gemeinsam gingen wir hinüber zum Krankenhaus. Dort lag auf der Veranda ein verwundeter Mann auf einer Matte. Er hatte einen Brustdurchschuss, aber es zeigte sich, dass es keine lebensbedrohliche

Verletzung war. Nachdem er sauber verbunden worden war und jeder einen Kaffee bekommen hatte, waren sie bereit, abzuziehen.

Ich ging heim, aber innerlich war ich in großer Unruhe. Was bedeutete das? Wer kämpfte gegen wen? In welchem Maß würden wir mit hineingezogen werden?

In meinem Tagebucheintrag jenes Abends (eigentlich war es ein Brief an meine liebe Mutter, in ein Schulheft geschrieben, weil wir keine Möglichkeit hatten, Briefe zu schicken) heißt es: „Nachdem sie alle weg waren, spielten wir eine Stunde Scrabble ... und ich schlief in der Nacht gut. Auf Jessie Scholes' Bitte hin schlafen jetzt zwei Hilfsschwestern bei mir im Haus, obgleich ich keine Angst vor dem Alleinsein habe. Wir haben ein Rad vom Auto abgeschraubt und zusammen mit dem Ersatzrad, der Batterie und dem Spulenverteiler im Haus versteckt. Ich möchte nicht, dass sie das Auto mitnehmen ..."

Das war der Beginn einer fünfmonatigen Zeitspanne, während der eine Rebellenarmee versuchte, das Land zu übernehmen und die Regierung zu stürzen. Wir erfuhren, dass zwei Stammeshäuptlinge brutal aufgehängt und geschlagen wurden, weil sie die Regierung der vergangenen vier Jahre unterstützt hatten. Während der ersten zehn Wochen erlaubten uns die Eroberer, in unserem Zuhause zu bleiben und die Arbeit fortzusetzen. Sie versicherten uns, sie würden die weißen

Frauen nicht antasten, weil sie nicht gegen uns, sondern gegen die korrupte Regierung kämpften.

Trotzdem war es nicht leicht. Sie beobachteten alles, was wir taten, und hörten alles, was wir sagten. Überall machten Gerüchte die Runde. „Sie“ (die Simba-Leiter der Rebellion) zwangen uns, „Parteikarten“ (Parteiausweise) zu kaufen, und versicherten uns, alles werde bald wieder friedlich sein und wir bräuchten keine Angst zu haben.

Die Tage und dann Wochen, die folgten, waren voller Grausamkeiten, furchteinflößender Gerüchte und „Soldaten“, die kamen und gingen. Sie suchten besonders nach drei bestimmten Männern. Einen fanden sie, und er starb nach entsetzlichen Folterungen. Die Geschäfte waren leer; Geld gab es nicht. Trotzdem versuchten wir, die Arbeit des Krankenhauses aufrechtzuerhalten. Eines Nachts hatten wir einen notfallmäßigen Kaiserschnitt, und ich versuchte, John Magadima beizubringen, wie er mit solchen medizinischen Situationen umzugehen hätte, falls ich einmal nicht mehr bei ihnen wäre. Wir setzten unseren täglichen Bibelunterricht fort, bis die Rebellen eine neue Order ausgaben: keine christliche Lehre mehr!

Am 8. September schrieb ich in mein Tagebuch: „Sonntag gab es eine Nahbegegnung mit den ‚Löwen‘. Gott machte sie unfähig, halleluja! Sie hatten den Befehl, uns zu schlagen, aber sie konnten sich nicht bewegen, sie hatten mehr Angst vor Gott in uns als wir vor ihnen. Dann bekamen sie Kaffee und das Evangelium. So etwas verunsichert jeden und hinterlässt ein Gefühl der Erschöpfung. Aber unser Gott triumphiert."

Am 29. Oktober heißt es: „Sie kamen irgendwann zwischen 1 und 2:30 Uhr am Morgen."

Ich sprang auf, streifte mir einen Bademantel über und rannte zur Vordertür. Eine schreckliche Stimme schrie, man solle der *Armée Populaire* sofort öffnen. Ich und die beiden jungen Schwestern öffneten. Sie drängten herein, fluchten entsetzlich, durchsuchten das Haus und warfen die Bücher aus den Regalen und Geschirr aus den Schränken. Offensichtlich suchten sie „etwas", was ich versteckt hatte.

Dann verschwanden sie ... außer dem Oberleutnant. Er rief mich zurück ins Haus ... kommandierte mich den Gang hinunter ... und ich wusste, *Böses* wartete auf mich. Ich versuchte wegzurennen ... sie folgten mir ... rissen mich hoch. Sie schlugen und traten mich ... und trieben mich zurück ins Haus. Als ich zitternd, entsetzt, jämmerlich an einer Säule auf der Veranda stand, streckte mir der Leutnant die Pistole ins Gesicht und forderte mich auf zu sagen: „Patrice Lumumba ist der Retter der Welt." Einige überredeten ihn, mich nicht zu erschießen (obwohl ich in dem Moment fast wünschte, er täte es – mein Herz hatte Frieden in Jesus). Ich wurde wieder den Gang hinuntergestoßen, und ein Bibelvers kam in mein Herz: „... wie das Lamm, das zur Schlachtung geführt wird ..."

(Jesaja 53,7). Ich fühlte, wie seine Kraft Besitz von meiner Schwäche ergriff. Er nahm die Schande am Kreuz auf sich, um mich zu retten, und er wehrte sich nicht gegen diese schrecklichen Nacht von Golgatha.

Dann schien es mir, als sagte er zu mir: „Kannst du mir danken ...?", und mit jeder Faser wollte ich schreien: „Nein!" Wie konnte ich ihm danken für diese Schlechtigkeit, dieses Böse? Doch seine leise Stimme fuhr fort: „Kannst du mir danken, dass ich dir vertraue ...?" Das war ein erstaunlicher Gedanke! Dass ich ihm vertraute, ja, das kannte ich; aber dass er mir vertraute, war eine eigenartige Umkehrung der Situation. Sollte das heißen: „Ja, ich hätte dich vor dieser Situation bewahren können; ich hätte dich retten können ... aber ich dachte, ich könnte dir vertrauen, dass du mit mir durch dies hindurchgehst, da ich einen Plan und ein Ziel für die Zukunft habe"? Und wieder: „Kannst du mir danken, dass ich dir diese Erfahrung anvertraue, selbst wenn ich dir nie sage, warum?" Irgendwie schaffte ich es in der Dunkelheit dieser furchtbaren Nacht, zu meinem Herrn zu sagen: „Ich verstehe nicht, was du tust oder wem durch diese Tortur geholfen wird (ich war sicher, dass wir alle umgebracht würden), aber – ja, wenn du dies von mir möchtest: Danke, dass du mir diese Erfahrung anvertraust, selbst wenn du mir nie sagen wirst, warum."

Sofort spürte ich, dass er bei mir war, dass er wusste, was geschah, und dass er wusste, wie dieses Geschehen seinen Plan in der Zukunft weiter fördern würde. Ja, die Qual war immer noch da, Er nahm das Böse, die Schande und den Schmerz nicht weg, aber ebenso real war die überwältigende Erfahrung seines Friedens, seiner Gegenwart, seiner Liebe. Zusammengeschnürt wurde ich auf ihrem Lastwagen nach Ibambi gefahren. Am nächsten Tag, als noch viele andere zusammengetrieben worden waren, wurden etliche von uns nach Isiro gefahren, um vor ein Erschießungskommando gestellt zu werden. Die Rebellen hatten den Befehl so verstanden, als sollten sie alle Missionare *(missionnaires)* zusammentreiben, aber eigentlich waren alle Söldner *(mercenaires)* gemeint, und sie hatten sich verhört! So wurden wir später freigelassen und nach Ibambi zurückgefahren.

Diese schrecklichen Monate waren erst zur Hälfte vorüber, aber Gott stand uns bei. Und die Frage „Kannst du mir danken, dass ich dir diese Erfahrung anvertraue, selbst wenn ich dir nie sage, warum?“ brachte tiefen Frieden in mein Herz. Mit dem Frieden kam ein nie gekanntes Maß an Freude. Hatte ich tatsächlich begonnen, die Lektion zu lernen, die er mir beizubringen versuchte, nämlich etwas „für lauter Freude zu halten“, und zwar während es sich abspielte, nicht erst im Rückblick?

Natürlich konnte ich mich in den folgenden Monaten und sogar Jahren oft nicht freuen, weder in Erinnerung an diese Leiden während der

Rebellion noch während der Probleme, die beim Wiederaufbau folgten, nachdem die Rebellion niedergeschlagen worden war. Aber heute, im Rückblick, staune ich über seine gnädige Segenshand und darüber, wie er mich gebraucht hat, um andere zu trösten, die die Qual und die Erniedrigung einer Vergewaltigung durchleiden mussten, weil ich im Erleben der gleichen Grausamkeit die *Freude* seiner Gegenwart spürte.

Trotzdem muss ich weiter lernen, etwas schon während der Schwierigkeit „für lauter Freude zu halten" und nicht einfach darauf zu warten, dass ich später im Rückblick vielleicht sehe, was Gott in seiner Gnade sagt oder tut. Wenn ich wirklich begreife, dass „denen, die Gott lieben, alle Dinge zum Guten mitwirken" (Römer 8,28), dann kann ich in stiller Gewissheit davon überzeugt sein, dass mir *nichts* begegnet, was er nicht erlaubt. Alles, was sich in meinem Leben ereignet, muss durch den Filter seines vollkommenen Willens hindurch. So kann ich ihm danken und es gleich als Freude ansehen, ohne erst abwarten zu müssen, wie es sich später auswirken wird.

# 5.
# Rückkehr nach dem Bürgerkrieg

Schließlich wurden wir gerettet und flogen nach Hause, um medizinische Behandlung zu erhalten und uns von dem körperlichen und seelischen Trauma der fünf Monate Gefangenschaft zu erholen. Dann musste die Entscheidung fallen, ob ich tatsächlich mit dem Wissen, was mich dort erwartete, zu meiner Arbeit würde zurückkehren können. Konnte ich dem allen wieder begegnen? Die Antwort war ein ziemlich verhaltenes Ja.

Anfang 1966 kehrten wir zurück. Viele dachten, wir seien ungewöhnlich heroisch, andere hielten uns für verrückt. Keines von beidem stimmte. Obwohl ich Befürchtungen hatte, musste ich einfach zurückkehren. Nebobongo war mein Zuhause, und ich liebte die Leute dort. Ich wusste, dass es dort Arbeit gab und dass ich Gottes Auftrag noch nicht erfüllt hatte, aber ich gestehe, dass ich viel Angst hatte, wie das alles gehen sollte.

Die Zerstörung, die der zweijährige Bürgerkrieg hinterlassen hatte, war enorm. Die meisten Gebäude waren so stark beschädigt, dass sie nicht wiederhergerichtet werden konnten. Unsere Ausrüstung war entweder gestohlen oder zerstört. Die Gemüsegärten waren geplündert und verwüstet, und niemand schien die Energie zu haben, sie wieder zu bepflanzen; so herrschte überall Hunger. Geld war praktisch nicht vorhanden, und die Regierung hatte keinen Überblick über das, was im Inneren des riesigen Landes benötigt wurde.

Dazu kam, dass wir von „Flüchtlingen“ umgeben waren. Unzählige Menschen hatten alles verloren. Dann gab es die endlosen Schlangen der Kranken und Unterernährten und alle Arten von Krankheiten, aber keine Medizin, um sie zu bekämpfen. Die Schulen mussten neu eröffnet und mit dem Allernotwendigsten ausgestattet werden. Überall herrschte Mangel. Alles war so erdrückend, dass meine erste Reaktion gewesen wäre, wegzulaufen. Doch meine zweite Reaktion war: Nein, ich musste bleiben, um mich dem Chaos zu stellen und bei der Suche nach einem Ausweg zu helfen. Aber wo sollte man beginnen?

In diese Situation hinein kam ein Soldat des örtlichen Befehlshabers, der mich sprechen wollte. Das Gespräch war kurz und knapp: „Wir gehen nach Süden über den Fluss, um die Gegend von Wamba aus Rebellenhand zu befreien. Würden Sie bitte mitkommen und ein Flüchtlingsprogramm aufstellen, damit die Tausenden von Flüchtlingen, die sich im Urwald verstecken, mit Nahrung, Kleidung und medizinischer Behandlung versorgt werden?“

„Welche Hilfe können Sie mir bei dieser Mammutaufgabe anbieten?“

„Keine. Sie müssen sich selbst darum kümmern, was Sie bekommen können."

Ich verließ das Büro und ging in den hellen Sonnenschein hinaus unter die Jacarandabäume. Und jetzt? Ich fühlte mich völlig unzulänglich, in keiner Weise für dieses Unternehmen ausgestattet. Ich brauchte Hilfe, und zwar in großem Stil! Ich machte mich auf den Weg zum Flugplatz, wo ein Flugzeug stand, und eilte das Rollfeld hinunter. Ob sie zufällig nach Kinsangani (die regionale Hauptstadt) flögen – und wenn ja, ob sie mich mitnehmen könnten. Die Antwort lautete Ja, ich kletterte an Bord, und wir flogen davon. Erschrocken über die Größe der Aufgabe, auf die ich mich eingelassen hatte, versuchte ich zu planen. Was kam als Nächstes?

Als ich die Stadt erreichte, in der ich niemanden kannte, sprach ich mit einem Offizier, der ebenfalls im Flugzeug gewesen war, und erklärte ihm die Situation. „Sie müssen mit dem Präsidenten sprechen", war sein Kommentar.

Er nahm mich mit in sein Hauptquartier und erklärte seinem Vorgesetzten alles. Das Nächste, was ich erfuhr, war, dass der Präsident mich über Funk sprechen wollte! Nachdem ich ihm die Situation und die Bedürfnisse geschildert hatte, sagte er (oder zumindest dachten wir, er sagte das, aber es war durch das Getöse eines Tropengewitters schlecht zu verstehen): „Machen Sie weiter. Wir werden Ihnen aus Kinshasa (der Hauptstadt) eine

Flugzeugladung Medikamente schicken." Die örtlichen Behörden befahlen mir, mich bereitzuhalten.

Am nächsten Tag hörte ich: „Ihr Flugzeug kommt an!", und ich wurde zum Flughafen gefahren. Ich erinnere mich daran, wie ich aufs Rollfeld eilte, um zu sehen, was die Regierung mir geschickt hatte – nichts! Das Flugzeug war leer!

Der Pilot sagte, er sei geschickt worden, um das an Bord zu nehmen, was ich zusammenbekommen hatte, und es nach Isiro zu fliegen. Er drängte: „Schnell! In zwei Stunden muss ich hier weg sein."

Ich raste durch die Stadt, ging in jedes Geschäft und bat um alle verfügbaren Vorräte an Milchpulver, Decken, Kleidern usw., „damit wir ausgerüstet sind für unsere Tour nach Wamba, um den Flüchtlingen zu helfen". Die Resonanz war erstaunlich.

Während des Fluges nach Isiro versuchte ich, wieder zu Atem zu kommen, und überlegte, was als Nächstes zu tun sei. Wen konnte ich dazu bringen, mir zu helfen? Was würden wir für ein solches Riesenprojekt brauchen?

Zwei Tage später brachen wir mit allen fahrbaren Vehikeln, die ich hatte organisieren können, bei starkem Regen und über kilometerlange Schlammstrecken auf. Alle Fahrzeuge waren schwer beladen. Eine unglaubliche Woche folgte. Jeden Tag stieg die Anzahl der Flüchtlinge, erst ein Rinnsal, dann ein breiter Strom, bis wir an die 10 000 Flüchtlinge versorgt hatten. Fast 1000 Schwerkranke wurden behandelt; alle bekamen zu essen; Hunderte erhielten Kleidung – und immer noch standen die Menschen Schlange. Inzwischen versicherten mir die Behörden, dass es noch einige andere Gebiete gab, wo ich, wie sie hofften, den Einsatz wiederholen würde.

Ich war erschöpft. In meinem Buch „Er gab uns ein Tal", dem zweiten Teil meiner Autobiografie, überschrieb ich das entsprechende Kapitel mit „Wie konnte ich nur so waghalsig sein?" Für so etwas war ich doch nicht in den Kongo zurückgekehrt. Das entsprach doch überhaupt nicht meiner Ausbildung ... Und dann wurde ich in meiner Argumentation unterbrochen. In dieser einen Woche hatte ich mehr Gelegenheit gehabt, Leuten von Jesus und seiner Liebe zu erzählen als je zuvor! Ging es bei Mission nicht genau darum? Alles „für Freude zu halten", das schloss auch die Erschöpfung ein, sogar das Fragen, ob ich wirklich wegen so etwas in den Kongo zurückgekommen war. Und es war auch egal, dass ich doch eine ganz andere Ausbildung hatte. Gottes Wege sind tatsächlich höher als unsere!

## 6.
# Eine neue Vision und ein anderer Weg

Im WEC-Gebiet, das Nebobongo einschloss, waren wir nicht allein bei dem Versuch, Aufbauarbeit in der nordöstlichen Provinz des Landes, das sich nun Zaire nannte, zu leisten. In dieser riesigen Provinz gab es fünf evangelische Missionen, und jede betrieb ein eigenes Krankenhaus und eine kleine Ausbildungsstätte für medizinisches Hilfspersonal. Alle hatten praktisch alles verloren und standen vor der unmöglichen Aufgabe des Neuanfangs. Wie ließ sich das durchführen?

Ich erinnere mich, wie ich während der langen Reise zurück nach Nebobongo mit einer kleinen Gruppe zurückkehrender Missionare von den Rethy-Bergen abwärts nach Nyankunde fuhr, einem kleinen christlichen Dorf. Hier sollten wir die Nacht verbringen, und ich hatte ein Treffen mit Dr. Becker von der *Africa Inland Mission* (AIM). Er war ein erfahrener amerikanischer Chirurg, der mehr als 30 Jahre in Belgisch-Kongo gearbeitet hatte, zuletzt im kleinen 30-Betten-Krankenhaus in Nyankunde. Als der Bürgerkrieg kam, gingen er und seine Frau kurzfristig über die Grenze nach Uganda, aber zum jetzigen Zeitpunkt wurde der

Zustand als „verhältnismäßig sicher“ eingestuft, und sie waren bereits an der Arbeit, als wir ankamen.

Dr. Becker umriss seine Vision, in Nyankunde ein großes, missionsübergreifendes medizinisches Zentrum samt Ausbildungszentrum für Einheimische zu bauen. Die Gemeinde in Nyankunde, erklärte er, sei bereit, uns als medizinischem Team im benachbarten Tal, wo es bereits einige kleinere Klinikgebäude gab, etwa 16 Hektar Land zur Verfügung zu stellen. Der Vorschlag war, dort ein 250-Betten-Krankenhaus zu errichten mitsamt Entbindungsstation, Operationssaal, Labor, Ambulanz und eventuell einem neuen medizinischen Schulungszentrum. Ich wurde ins Team eingeladen und sollte den Aufbau des Schulungszentrums in die Wege leiten.

Wir berieten uns bis in die Nacht hinein. Die Notwendigkeit lag auf der Hand; Mittel waren nicht vorhanden. Teamarbeit war angesagt. Würde ich hineinpassen, nachdem ich jahrelang mein eigenes Projekt verfolgt hatte?

Am nächsten Morgen verließen wir Nyankunde, um die etwa 500 Kilometer bis nach Nebobongo zurückzulegen. Schließlich kamen wir nach einer Abwesenheit von zwei Jahren am Ostersonntag 1966 morgens in Nebobongo an, frenetisch empfangen von unseren afrikanischen Geschwistern, die aus der Gemeinde herausströmten, um uns willkommen zu heißen. Zugleich erwartete uns die Zerstörung, wie ich sie im vorigen Kapitel geschildert habe.

Einige Wochen nach meiner Rückkehr besuchte ich Dr. Becker wieder, diesmal für längere Zeit. Während wir miteinander sprachen, feuerten wir uns gegenseitig an beim Schmieden von Zukunftsplänen. Wenn sich alle fünf Missionen, die in unserer Provinz arbeiteten, zusammentun und ihre Mittel zusammenlegen würden, um ein neues Krankenhaus aufzubauen, dann könnte es angemessen mit Personal und Gerätschaften ausgestattet werden, um den Erfordernissen der Provinz zu dienen. Nach etwa zehn Tagen Gebet und Gesprächen waren wir uns grundsätzlich einig, dass diese Vision der rechte Weg war und dass wir „es anpacken" sollten.

Wieder nach Nebobongo zurückgekehrt, traf ich mich zunächst mit den Gemeindeältesten, um ihnen von unseren Überlegungen in Nyankunde und dem Vorschlag eines neuen Krankenhauses samt Ausbildungszentrum zu berichten. Zuerst waren sie fassungslos. Gerade erst war ich zurückgekommen; sie hatten keinen anderen Arzt; wie konnte ich sie bitten, mich weiterziehen zu lassen? Zwei Tage lang beteten wir gemeinsam, um Gottes Willen herauszufinden. Ich bat sie, mir zu vertrauen, dass ich alles tun würde, um afrikanische Mitarbeiter auszubilden, die zu ihnen zurückkommen würden, um die kleine Klinik und die angeschlossenen Apotheken zu betreiben, und zwar auf höherem Niveau, als es uns jemals möglich gewesen war. Dann gingen wir alle zum Gemeinderat in Ibambi. Nach zwei Tagen des Gebets gaben mir der Gemeinderat und die Ältesten - wenn auch etwas widerstrebend - ihren Segen, und sie stimmten meinem Umzug nach Nyankunde zu.

Ich reiste ab, um aus dem Nichts eine neue Ausbildungsstätte zu schaffen, deren Direktorin ich sein sollte, während bei Dr. Becker die Zuständigkeit für Entwicklung und Betrieb des Krankenhauses sowie die Aufsicht über die gesamte Einrichtung lag. Für mich war der Schritt von der Rolle der Ärztin zu der der Lehrerin das, was ich mir zwölf Jahre lang ersehnt hatte.

Kurz nachdem wir mit der immensen Aufgabe des Baus von Studentenunterkünften, Klassenräumen, Küchentrakt und Speisesaal begonnen hatten, veröffentlichte die Zentralregierung in Kinshasa eine neue Vorschrift, die besagte, dass Leiter medizinischer Ausbildungsstätten die drei offiziellen Sprachen des Landes sprechen und zehn Jahre in einem kongolesischen Krankenhaus praktiziert haben mussten. Ich traute meinen Ohren kaum und freute mich riesig, denn ich war wie keine Zweite geeignet, all diesen Vorschriften zu entsprechen. Gott hatte die ganze Zeit gewusst, welche Gesetze nach der Unabhängigkeit 1966 eingeführt werden würden. Er hatte mich dafür vorbereitet, sodass ich mich um eine staatliche

Anerkennung des neuen Colleges mit mir als Direktorin bewerben konnte.

Alles „für lauter Freude zu halten“ war zu dieser Zeit leicht, aber warum hatte ich das während der vorherigen zwölf Jahre nicht gekonnt, in denen ich Gottes vollkommenen Willen für mich zum Segen des Kongo im Nebobongo-Krankenhaus erfüllt hatte, ohne vor Augen zu haben, wie alles zusammenpassen würde? Wir haben einen wunderbaren Erlöser! Ich lerne immer noch, seinen Willen anzunehmen und ihn als „das Gute und Wohlgefällige und Vollkommene“ (Römer 12,2) anzusehen. Das ist entscheidend, um sich an Gott zu erfreuen, selbst wenn man in schwierigeren Zeiten keine richtige oder überhaupt keine Erklärung sehen kann. Und schwierige Zeiten sollten in der Tat folgen!

Die Vertreter der fünf verschiedenen Missionen trafen Vorkehrungen, ein erstklassiges Krankenhaus samt Geburtsstation mit grundlegenden Hilfseinrichtungen plus College zur Ausbildung von medizinischem Personal ins Leben zu rufen. Es war ein ehrgeiziges Projekt, praktisch ohne Hilfe der Regierung. Im College mussten wir unser eigenes Ausbildungsprogramm „erfinden“; wir mussten uns unsere finanzielle Unterstützung selbst zusammensuchen; wir mussten passende Gebäude errichten ohne viel Anleitung, welche offiziellen Anforderungen gestellt wurden. Aber langsam begann das Projekt, Formen anzunehmen.

Neues Personal aus der ganzen Welt fand sich in Nyankunde ein und schulterte eine große Arbeitslast. Dr. Ruth Dix, die Geburtshelferin unseres Teams, die bei AIM mitarbeitete, setzte sich hingebungsvoll auf der Entbindungsstation ein, während ihr Mann Richard für die neuen Gebäude des gesamten Projekts zuständig war. Ich legte ihm meine Pläne für das College vor – Klassenzimmer, Küche und Speisesaal –, und er ließ sich freundlicherweise darauf ein, den Bau zu beaufsichtigen. Wir planten, die notwendigen Gebäude in weniger als acht Jahren fertigzustellen.

Gerade habe ich das „Tagebuch" jener sieben Jahre nochmals gelesen. Trotz aller Probleme, die sich uns in den Weg stellten, half uns Gott gnädig voran und bestärkte uns immer wieder darin, dass wir seinem Willen und seinen Zielen bei der Entwicklung von Nyankunde als medizinischem Zentrum entsprachen. Es gab Augenblicke, in denen ich fürchtete, wir hätten nicht genug Geld, um die monatlichen Gehälter der Arbeiter zu bezahlen oder die wöchentlichen Ausgaben für die Ernährung der Schüler oder den Treibstoff des College-Lastwagens, der für den Transport von Baumaterial, Nahrungsmitteln und Haushaltswaren unerlässlich war. Doch immer, wenn das Monatsende kam, gingen auch Gelder ein. Schon das war eine Geschichte von Wundern, denn es kam immer genau rechtzeitig exakt der nötige Betrag.

Es hätte eine Erfolgsstory sein können. Das Bauprojekt wurde nach sieben Jahren abgeschlossen und damit sogar vor der festgesetzten Zeit fertig. Sowohl Männer als auch Frauen meldeten sich in wachsender Zahl zur Ausbildung an; der Unterricht lief gut. Staatliche Prüfer hatten uns besucht und eine sehr positive Bewertung abgegeben sowie die Versicherung, dass die offizielle Anerkennung der Schule als Ausbildungsstätte für einheimisches medizinisches Hilfspersonal auf dem Weg sei, ja, unmittelbar bevorstehe. Angesichts dieses Erfolges schmiedete das Personal schon ausgeklügelte Pläne für die Feierlichkeiten, um ein paar Wochen später all das vorzuführen, was erreicht worden war.

Dann brach ohne Vorwarnung eine Rebellion unter den Schülern aus. Schon seit Monaten hatte es einen unterschwelligen Strom der Unzufriedenheit unter ihnen gegeben, der sich ab und zu Bahn brach. Und jedes Mal hatten wir das Empfinden, dass wir den aufgeworfenen Fragen einfühlsam, aufrichtig und transparent begegnet waren. Nun streikte die gesamte Schülerschaft, etwa 100 Personen. Sie weigerten sich, an den Unterrichtsstunden teilzunehmen, mit dem Personal zu kooperieren und auf Station zu arbeiten. Sie waren zornig, wiesen auf ihre „Rechte" hin, im Krankenhausvorstand vertreten zu sein, und brachten besonders die Tatsache zur Sprache, dass ihnen staatliche Stipendien nicht ausbezahlt worden seien; dass

Geld, welches die Schule ihrer Meinung nach bereits erhalten habe, bewusst zurückbehalten und vom Personal, ich selbst eingeschlossen, veruntreut worden sei. Im Grunde wurden wir beschuldigt, unsere eigenen Schäfchen auf ihre Kosten ins Trockene gebracht zu haben.

Dies alles geschah trotz der Tatsache, dass jedes Mal, wenn die Unzufriedenheit vorher an die Oberfläche gekommen war, wiederholt dargelegt worden war, dass die Regierung keine Mittel geschickt hatte und dass Stipendiengelder, wenn auch fest versprochen, nicht eingegangen waren und deshalb auch nicht verteilt werden konnten. Die Schüler hatten sogar Einblick in die Konten bekommen, um sich davon zu überzeugen, dass wir die Wahrheit sagten. Dieses Mal waren sie jedoch nicht in Stimmung, auf Vernunftsgründe zu hören. Sie hatten den Streik ausgerufen, weil sie davon überzeugt waren, dass ihnen ihre Rechte aufgrund von Sturheit, ja, sogar Korruption auf Seiten der Collegeleitung verwehrt wurden.

Während ich nun, 40 Jahre später, auf diese Situation zurückschaue, kann ich darüber lachen. Aber damals fand ich sie nicht zum Lachen. Für mich war es, zumindest anfänglich, ein geistlicher Kampf, mich nicht zu verhärten oder sogar wütend zu werden angesichts der unbegründeten Anschuldigungen. Und was mich noch mehr verletzte als der völlige Mangel an Dankbarkeit für all das, was man für die Schüler getan hatte, war die offenbare Bereitschaft der Angestellten, die Vorwürfe zu glauben.

Die kleine Frage „Welche Verletzung?“ wurde für mich der Anstoß, mich zu besinnen. Gott hatte mich seit vielen Jahren darauf hingewiesen, dass ich aufpassen musste, wenn ich mich verletzt fühlte. Dieses Verletztsein bedeutet, dass sich das Ich breitmacht und seine Rechte fordert, statt dass Jesus in mir wohnt und die Leitung hat.

Die Situation im College und dann auf den Stationen des Krankenhauses wurde sehr ernst. Ich schrieb einen Brief an Dr. Becker und trat von meinem Amt als Direktorin des Colleges zurück, damit die Krankenhausleitung frei war, eine Lösung der Schwierigkeit anzugehen, ohne dass ich im Weg war.

Ich ging den Hügel hinauf zu meiner Wohnung, unaussprechlich einsam und traurig, warf mich weinend aufs Bett und bat Gott, zu mir zu sprechen. Ich suchte Trost in seinem Wort. An jenem Tag las ich im Propheten Jona, aber mein Herz war verschlossen, und ich konnte Gottes leise Stimme nicht hören, die versuchte, mein Herz zu erreichen. Ich las den Text ein zweites und ein drittes Mal.

„Siehst du es nicht? Ich (Gott) sandte den Sturm und den Wal, um zu Jona zu sprechen, aber alle anderen Schiffe in dem Gebiet waren an dem Tag ebenfalls vom Sturm betroffen.“ Gott versuchte, zu mir zu sprechen, um mich Jesus ähnlicher zu machen, aber andere wurden mit hineingezogen, weil ich so langsam im Hören und Reagieren war.

„Genüge ich dir nicht? Möchtest du zusätzlich von Menschen gelobt werden?“ Mir kamen die Tränen. „Lieber Gott, ja, du reichst mir wirklich völlig aus. Du hast mich nie im Stich gelassen. Bitte vergib mir; es war Stolz, dass ich anerkannt sein wollte und mir Dank wünschte. Ich wollte Filme mit nach Hause nehmen, die das College zeigten, das *ich* aufgebaut hatte, Studenten, die *ich* ausgebildet, denen *ich* geholfen hatte, Kassettenaufnahmen von *meinem* Chor. Ich wollte Danksagungen des Teams dafür hören, dass *wir unser* Projekt fertiggestellt hatten. Es ist nicht *meine* Arbeit und *mein* Erfolg! Es ist reines Privileg, dass du mir erlaubst, einen kleinen Beitrag zu deinem Plan für diese lieben Leute zu geben.“

Gott gewann. Er füllte mein Herz wieder mit seinem Frieden und mit echter *Freude*, zu ihm zu gehören. Ich sah wieder das Vorrecht, seinem Ziel zu dienen. Welch ein erstaunlicher Gott!

# 7.
# In 40 Jahren um die Welt

Die Ereignisse, die im vorigen Kapitel beschrieben werden, brachten meine offizielle Missionslaufbahn, d. h. das Arbeiten in einem Team im Ausland und in einer anderen Sprache als Englisch, zum Ende. Von 1953 bis 1973 hatte ich im Kongo in Zentralafrika gearbeitet und sprach eine Mischung aus Französisch und Suaheli.

Dann kam eine neue Phase. Ich war aus dem Kongo nach Hause gekommen, um meine liebe Mutter zu pflegen, aber schon zwei Jahre später, 1975, starb sie. 1976 war ich wegen Brustkrebs in Behandlung. Als Nächstes kam die Frage, wohin ich gehen konnte, um wieder zu Kräften zu kommen. Ich hatte kein Zuhause mehr außer der WEC-Zentrale in England. Trotz allem fühlte ich mich weiterhin dem WEC und seinen Grundsätzen verpflichtet. So überlegte die Leitung, wie ich am besten in der Gemeinschaft einzusetzen sei. Sie zögerten, mich in den Kongo zurückkehren zu lassen, und schlugen mir stattdessen vor, eine Reisetätigkeit in Erwägung zu ziehen. Zu Beginn war nicht genau definiert, was im Einzelnen von mir erwartet wurde und wer für meinen Stundenplan zuständig war. Doch aus den vorgeschlagenen

„paar Jahren" wurden schließlich vier Jahrzehnte! Und während dieser Jahre lebte ich aus dem Koffer. Es war ein Privileg, durch die gesamte englischsprachige Welt zu reisen, wohin immer ich eingeladen wurde.

Meine Aufgabe war, jeden, der zuhörte, sei es in Gemeinden, Frauenkreisen, Schüler- oder Studentengruppen, auf die riesige Bedürftigkeit der Tausenden, ja, der Millionen, hinzuweisen, die das Evangelium noch hören mussten. Was sollte unsere Reaktion auf Gottes Aufforderung sein, das Evangelium jedem Stamm und jeder Gruppe zu bringen, da Gott aus Liebe und Gnade die Sehnsucht hatte, dass alle Menschen gerettet werden sollten? Und wie konnten wir das Evangelium denen nahebringen, die es noch nicht gehört hatten?

Diese Herausforderung galt besonders jungen Leuten, die ihre Lebensreise antraten und überlegten, ob „die Berufung zur Missionsarbeit" für sie in Betracht käme.

Unser Augenmerk lag besonders auf den Ländern, die damals „Dritte Welt" genannt wurden, den Entwicklungsländern, von denen viele in Afrika lagen, die oft sehr arm waren und nicht die Bildungsmöglichkeiten hatten, die wir im Westen so leicht für selbstverständlich halten.

Grundsätzlich tat ich diese Arbeit gerne, und ich lernte enorm daraus, Dinge zu durchdenken, sie anderen mitzuteilen und mir Fragen über beinahe jedes Thema zu stellen: Industrie, Sicherheit,

Reisen, Finanzen. Aber es gab auch eine Spur Enttäuschung dabei. So oft sah ich sehr wenig positive Resultate, etwa, dass sich jemand auf Gottes Ruf zur Mission einließ. Nach dem Dienst an einem Ort zog ich immer zum nächsten weiter. Manchmal war das sehr einsam, denn es war keine Zeit für tiefere Beziehungen. In gewisser Weise musste ich täglich den vorigen Tag vergessen und für den aktuellen Dienst neue Beziehungen mit neuen Gastgebern aufbauen.

Allerdings merkte ich bald, dass es ein wichtiger Teil meines Dienstes war, während meiner Reisen *verfügbar* zu sein, und zwar in jeder Familie, bei der ich untergebracht war, in einem Zuhause, das ich nie zuvor besucht hatte. Anfangs war jedes Familienmitglied freundlich und höflich. Doch später, oft erst kurz vor meiner Abreise, begann sich meist die Mutter zu „öffnen". Ich spürte ihr Bedürfnis, Dinge abzuladen, am liebsten bei jemandem, der einen nicht kannte und den man vielleicht nie wiedersehen würde. Manchmal geschah das erst, wenn ich einen Dank für die Gastfreundschaft schickte – dann folgte eine Antwort und vielleicht die Mitteilung einer persönlichen Notsituation. Im Laufe der Jahre entstanden auf diese Weise viele neue Freundschaften – aber es brauchte Zeit.

Doch schließlich kam ich zu der Erkenntnis, dass dies tatsächlich ein Dienst war, den Gott *für mich* in die Wege geleitet, *mir* anvertraut hatte – auch wenn ich es manchmal als etwas belastend empfand, diese Verantwortung zusätzlich zu meinem eigentlichen Dienst zu tragen.

Es flößte mir manchmal Schrecken ein, wenn ich als eine Art „Dr. Allwissend" betrachtet wurde, die zu fast jedem Thema einen Rat parat haben sollte. Und doch wollte ich den Herrn nicht im Stich lassen. Es war wahrscheinlich gut, dass ich mir meiner eigenen Unzulänglichkeit bewusst war und deshalb alles, was mir anvertraut wurde, und alles Infrage-Stellen dem Herrn übergeben und seine Befähigung suchen musste. Das half mir, mich direkter in ihm zu freuen, weil ich wusste, dass er auf jede Not eingehen konnte, auch wenn ich aus mir selbst heraus keine sinnvolle Antwort auf manche der Probleme geben konnte, mit denen ich konfrontiert wurde.

In der Rückschau auf diese Jahre wurde mir bald bewusst, dass es günstiger war, mehrere Veranstaltungen an einem Ort abzuhalten als eine einzelne. Bei der *Redruth Cornwall Convention* wurde ich zum Beispiel gebeten, mehrere Vorträge zum Thema „Rühre mich an" zu halten. Sie wollten sich eingehend damit beschäftigen: Was tun? Wohin gehen? Wer soll angerührt werden? Warum? Es waren 500 junge Leute da, und man konnte eine echte Empfänglichkeit spüren. In Nordirland bot die *Glenada Conference* die gleiche Gelegenheit. In einem Sommer verbrachte ich mehrere Wochen im *Kilcreggan Conference Centre* (Schottland) und sprach jeden Abend zu den Feriengästen, zu 200 verschiedenen Menschen jede Woche! Mehrfach war ich in den USA unterwegs und hatte die Gelegenheit, Hunderte von jungen Christen auf das fantastische Privileg und die Freude hinzuweisen, in Gottes Königsdienst berufen zu sein und den unerreichten Millionen das Evangelium zu bringen. Ich reiste über 3200 Kilometer und sprach innerhalb von drei Wochen zu über 30 Gruppen – und ich begann zu spüren, welch eine enorme Aufgabe der Herr mir jetzt anvertraut hatte.

Ein Highlight dieser ersten Jahre des Reisedienstes war die Einladung zur alle drei Jahre stattfindenden Missionskonferenz der amerikanischen Studentenschaft, der *Urbana Conference*. Es war ein tiefes Erlebnis, von der Rednertribüne aus auf die 20 000 eifrigen Studenten zu schauen, die in Reihen vor mir saßen. Und man hatte nur 20 Minuten, um sie für Mission zu gewinnen. Wobei ich, als ich das erste Mal dort war, sogar gebeten wurde, sie zu „entmutigen"! Ich sollte ihnen von den Schwierigkeiten und schmerzlichen Erlebnissen in der Missionsarbeit erzählen, um zur Hauptveranstaltung hinzuleiten. Dann konnte ich sehen, wie tatsächlich *Hunderte* aufstanden als Antwort auf die Herausforderung, Gott vollzeitlich dort zu dienen, wo er sie hinschicken würde. Es war ein überwältigendes Privileg, Teil eines solchen Augenblicks zu sein! *Freude!*

Im darauffolgenden Jahr wurde eine Vortragsreise durch Kanada und weiter durch die USA organisiert. Diese Tour schloss mehrere Bibelschulen ein und enthielt viele Möglichkeiten, Studenten und Mitarbeiter zu treffen. Nach dem Besuch der Colleges in Minneapolis, Chicago, Bryan und Asbury kam ich am *Bible Institute of Los Angeles* (BIOLA) an und hatte eine wunderbare Zeit mit den jungen Frauen. Anfänglich wollten sie keinen weiteren Missionsredner, aber langsam tauten sie auf, und wir freundeten uns an. Es war ein Privileg und eine *Freude,* mit ihnen zusammenzusein.

Im Jahr darauf gab es eine Vortragsreise durch die Schweiz (ich konnte mein Französisch anwenden) und vier Wochen Aufenthalt in Australien. Dann ging es wieder nach Kanada mit 80 Terminen vom äußersten Ende im Westen des Landes bis zum äußersten Osten, bei denen ich 20 000 junge Christen dazu aufrufen durfte, ihre Komfortzone zu verlassen und alles, was sie hatten, im Missionsdienst irgendwo auf der Welt zu investieren. Dann standen wieder die USA auf dem Plan, diesmal mit einem Besuch am *Moody Bible Institute* und am *Wheaton College,* wo ich überaus aufmerksamen Zuhörern mit reifen Fragen begegnete. Dann gab es eine Tour nach Finnland – mitten in die Schönheit von Seen und Nadelbäumen!

Jedes Land hatte seinen eigenen Schwerpunkt, seine eigenen Probleme und Schwierigkeiten, aber jedes öffnete mir seine Tore, um das Thema der vom Evangelium noch unerreichten Millionen zur Sprache zu bringen. In den Jahren danach war es spannend und zugleich ein Anlass zur Demut, aus aller Welt Briefe von Missionaren zu bekommen, die mir für irgendein Wort bei irgendeinem Vortrag dankten, das sie (ohne dass ich es wusste) dazu gebracht hatte, auf Gottes Impuls zu reagieren und in den Missionsdienst zu gehen. Danke, Herr!

Immer wieder einmal gab es erfüllende Momente, in denen mein Herz vor Freude über das Privileg, für jemanden in Not zur rechten Zeit am rechten Ort zu sein, zum *Singen* angeregt wurde. Das geschah etwa in Australien, nachdem ich bei einer großen Frauenkonferenz gesprochen hatte und mich vom Versammlungszelt in das Speisezelt begab. Eine junge Frau berührte mich am Arm und sagte: „Hätten Sie einen Moment?“ Ich setzte mich neben sie, und sie fing an zu erzählen: „Vor fünf Monaten ist unser zweieinhalbjähriger Sohn in unserem Swimmingpool ertrunken.“ Es schnürte mir die Kehle zu. Ich konnte ihren Schmerz direkt fühlen und legte meinen Arm um sie. Sie fuhr fort: „Meine christlichen Freunde sagten, ich solle Gott preisen ...“ Ich merkte, wie Zorn in mir aufstieg. Wie konnte jemand einer jungen, trauernden Mutter so etwas sagen? Ich war sicher, dass der liebevolle Vater im Himmel unter diesen Umständen niemals Lob von ihr gefordert hätte.

„Und als ich das nicht konnte“, erzählte sie weiter, „sagten sie mir, dass es in meinem Herzen Sünde geben müsse.“ Innerlich schrie ich zu Gott und bat ihn, mir zu zeigen, was ich dieser Mutter sagen konnte: „Nicht erst später, Herr, ich brauche deine Hilfe jetzt gleich!“ Aber alles, was mir plötzlich in den Sinn kam, war ein klares Bild aus der Nacht vor fast 20 Jahren, in der ich im Kongo von Guerillas gefangen genommen worden war. Welche Verbindung gab es da?

Wie ich bereits berichtet habe, wurde ich damals mit vorgehaltenem Gewehr den Gang meines Hauses hinuntergedrängt, als mitten in dem Bösartigen und mitten im Wissen, dass mich Schlimmes erwartete, der Herr zu mir sagte: „Kannst du mir danken ...?“ Warum er mich eigentlich bat, war: „Kannst du mir dafür danken, dass ich dir diese Erfahrung (mit all diesem Schlimmen) anvertraue, auch wenn ich dir nie sage, warum?“ Ich erzählte der jungen Frau ein wenig davon und fragte sie, ob sie Gott dafür danken könne, dass er ihr dieses tragische Geschehen anvertraute, auch wenn er ihr niemals sagen würde, warum.

Gott kann uns nicht absichtlich Böses auferlegen. Er hat uns versprochen, uns alles Gute, Notwendige aus seinem herrlichen Reichtum in Christus zu geben. Aber wenn er, der allmächtige Gott, denkt, dass wir bereit sind, die Gemeinschaft seiner Leiden auf einer tieferen Ebene zu teilen und ihm aufs Äußerste zu vertrauen, obgleich alles gegen solch ein Vertrauen zu sprechen scheint, müssen wir fragen: „Kannst du ihm dafür danken, dass er dir diesen entsetzlichen Schmerz anvertraut und dich hindurchleiten wird?“

Die junge Mutter streckte sich durch die Dunkelheit ihrer Trauer nach Gott aus und betete unter Tränenströmen: „Okay, Gott. Ich verstehe dich nicht. Aber ich möchte dir danken, dass du mir diese Tragödie anvertraut hast."

Während der späteren Jahre dieses Reisedienstes in aller Welt hatte ich die Möglichkeit, in asiatische Länder zu reisen, die ich nie zuvor gesehen hatte. Zweimal wurde ich nach Honkong eingeladen, wo sich das WEC-Zentrum für Asien befand. Beide Male hatte ich das Vorrecht, zu Hunderten vorwiegend junger Menschen zu sprechen. Sie waren bereit, sich mit der Herausforderung zu beschäftigen, ihr Leben für Millionen von Menschen in Asien einzusetzen, die niemals die Chance gehabt hatten, auch nur einmal die Botschaft des Evangeliums zu hören.

2003 kam die ultimative Einladung: nach Afghanistan. Kurz bevor die Taliban vertrieben wurden, bat man mich, an einer kleinen missionsübergreifenden Konferenz teilzunehmen und in erster Linie den Mitarbeitern, die gerade ins Land zurückgekehrt waren, ein Wort der Ermutigung zu sagen. Ich ging – konnte man eine solche Anfrage ablehnen?! Als ich zum Team sprach, berichtete ich von Gottes Herausforderung, ihm zu vertrauen, auch wenn er mir nie sagen würde, warum. Nur wenige Wochen danach wurden drei Mitarbeiter dieses Teams entführt und erlebten eine kurze, aber schmerzhafte Gefangenschaft. Sie erzählten mir später, dass diese Worte sie gestärkt und befähigt hatten, Gott durch diese Tortur hindurch zu vertrauen. Mein Besuch dort war auch eine einzigartige Lernerfahrung für mich. Zudem erlebte ich das Privileg und die Freude, einem afghanischen Christen persönlich zu begegnen, der gezwungen war, als „verborgener Jünger" zu leben.

Jedoch spürte ich im Lauf der Jahre, dass ich älter wurde. Ich war oft sehr müde, und jeder Tag brachte seine eigenen, immer neuen Schwierigkeiten mit sich. Bei der Vorbereitung von Material für Vorträge fragte ich mich, ob ich nicht anfing, mich zu wiederholen. War es immer noch relevant, was ich zu sagen hatte? War ich immer noch eng mit Gott im Kontakt, um zu erkennen, was er wollte? Oder fing ich an, mich auf meine eigenen Fähigkeiten zu verlassen? Irgendwie wurde ich langsam als Rednerin „populär", und ich witterte Gefahr. Aber zu wem sollte ich gehen, um Rat und Gebetsunterstützung zu bekommen? Oder war es vielleicht an der Zeit aufzuhören? Wer würde mich davon abhalten, in eigener Kraft immer weiterzumachen, auch wenn mein „Verfallsdatum" tatsächlich überschritten wäre?

Keiner riet mir, mit diesem Reisedienst aufzuhören, und ich bekam weiterhin Einladungen, zum Beispiel zu einer interessanten Vortragsreihe in die Schönheit Finnlands und zu zwei vollgepackten Monaten in die USA. Meine Müdigkeit war mir bewusst und verstärkte sich, und ich war nicht sicher, ob ich weiterhin tat, was Gott gefiel, oder ob ich einfach weitermachte, weil keiner mir riet aufzuhören. Eine Tour durch Frankreich und die Schweiz war ein echter Test, ob ich noch etwas Geistliches auf Französisch mitteilen konnte. Aber der Herr half mir Schritt für Schritt voran und ermöglichte es, diesem mir aufgetragenen Dienst nachzukommen.

Deutlich erinnere ich mich an eine erfüllende Tour, die mich wieder durch Kanada führte und während der ich vier Bibelschulen besuchte und bei jedem Treffen über 700 junge Leute vor mir hatte, die sehr empfänglich waren. Briefe erreichten mich, die davon berichteten, dass Segen davon ausgegangen war und Gott zu Einzelnen gesprochen und sie herausgefordert hatte. Mein Herz hätte über dieses von Gott geschenkte Privileg voller *Freude* und Fröhlichkeit sein müssen, und doch murrte ich beinahe. Ich schämte mich meiner Reaktion, aber ich konnte mich nicht dazu durchringen, „alles für Freude zu halten".

Wir schränkten die Anzahl der monatlichen Veranstaltungen ein. Ich suchte Trost bei Gott und die Zusicherung, dass ich immer noch das tat, was sein Plan für mich war. Ich versuchte, eingehender für die Vorbereitung der Veranstaltungen zu beten und nicht bloß damit zufrieden zu sein, das zu wiederholen, was Gott in früheren Meetings gesegnet hatte. Aber mir fehlte weiterhin der Friede Gottes, und ganz gewiss hielt ich nicht „alles für Freude"!

Dann bekam ich eines Morgens mit der Post eine Ausgabe unserer WEC-internen Zeitschrift *WECCER*. Sie enthielt verschiedene Artikel, die uns daran erinnerten, was eigentlich unser Missionsauftrag ist. In einem Artikel hieß es: „Gottes Wille ist es, dass alle Menschen gerettet werden und zur Erkenntnis der Wahrheit kommen", und ich freute mich von Herzen über diese Erinnerung an unser grundlegendes Ziel. Ein anderer Artikel (von Ronaldo Lidorio, ausführlich zitiert in Patrick Johnstones Buch *„The Future of the Global Church"*) betonte die Notwendigkeit, Gottes Gnade in den Mittelpunkt unseres Dienstes zu rücken (und dort auch zu belassen). Auf den beiden letzten Seiten war ein Artikel von Susan Sutton: „Auf Gott warten – wie machen wir das?" Das Herz wurde mir warm bei dem, was sie schrieb, und ich empfand das wachsende Verlangen, selbst wieder „auf Gott zu warten".

Susan zitierte Andrew Murray: „Wenn wir uns (bei Zusammenkünften) als Menschen betrachten würden, die zum Ziel haben ..., auf Gott zu warten, das Herz dafür zu öffnen, was Gott an neuen Entdeckungen seines Willens, an neuen Möglichkeiten in der Arbeit oder in Arbeitsmethoden bereithält ..., wie würden unsere Zusammenkünfte wohl aussehen?" Sie fuhr fort: „Der Prozess, auf Gott zu warten, ist mit Gebet durchtränkt." Dies geschieht in ruhigem Vertrauen, in Ergebung, in der Suche nach Weisheit und dann mit Gebeten der

Danksagung und Hingabe, mit der Entschlossenheit, seinen Willen praktisch umzusetzen und zu *tun*. Dann stellte sie in der Mitte des Absatzes die Frage: „Was in mir muss sterben, damit der Wille Gottes in den Vordergrund treten kann?" Und in mir kam die Frage auf: „Was in mir muss sterben, damit ich wirklich christusähnlich werde?"

Könnten wir wieder diese Grundlagen jeglicher „missionarischer Aktivität" erfassen, wäre bestimmt kein Platz mehr für alle unsere Gefühle der Unzulänglichkeit und der Einsamkeit! Was immer mein „Gefühl" sagt, ich kann mich entspannen in dem Wissen, dass er seinen Willen erfüllt, ob ich mich gerade unzulänglich fühle oder nicht!

# 8.
# Seine Gnade reicht aus

Einmal war ich kurz vor Weihnachten als Sprecherin zu einer besonderen Gruppe von Frauen eingeladen, die alle Mitglieder des *Christian Prison Fellowship* waren. Meine Freundin Pat und ich nahmen an ihrem Weihnachtsessen teil. Alle hatten entweder einen Ehemann, einen Sohn oder ein anderes Familienmitglied im Gefängnis sitzen, manche wegen schrecklicher Straftaten, manche sogar zum zweiten oder dritten Mal. Alle Frauen waren traurig und hatten kein großes Bedürfnis, sich mit uns zu unterhalten. Ich hatte mich von Gott geführt gefühlt, eine einfache Flanelltafel-Präsentation über die Worte „Meine Gnade genügt dir" vorzubereiten, doch jetzt war ich mir nicht sicher, ob das die richtige Botschaft war.

Während wir versuchten, beim guten Essen, das für uns vorbereitet worden war, Konversation zu betreiben, bat ich Gott, mir nochmals zu versichern, dass das sein Wort für diese Frauen an diesem Tag war. Es schien, dass die Antwort Ja war, dass er mich tatsächlich zu dem speziellen Vers geleitet hatte, und so begann ich. Der Herr gab mir große Freiheit, ihn zu ehren. Dann ersetzte ich die Worte „meine Gnade" auf der Flanelltafel durch den Namen Jesus: „Jesus genügt dir." Was auch an innerem Schmerz oder Angst da ist, Jesus ist fähig, dem zu begegnen, und kann dir den Mut geben, dem entgegenzugehen, was dich erwartet.

Schon während ich sprach, sah ich, dass das genau die richtigen Worte für diese spezielle Situation waren – wie gut Gott ist! Ich hätte keinen besseren Vers für jede dieser lieben Frauen in ihrer persönlichen Not finden können – und das, ohne sie vorher befragt zu haben.

Nachher kamen die Frauen eine nach der anderen zu mir, um von ihrem Kummer zu erzählen und für sich beten lassen. Eine Stunde lang saßen wir zusammen und sprachen unablässig darüber, dass seine Gnade in jeder Situation ausreicht und stille Gewissheit und Frieden bringt – auch mitten im Chaos. Es flossen viele Tränen, aber es herrschte dabei ein großer Friede und das Gefühl von Gottes Gegenwart.

Ungefähr zur selben Zeit, als ich schon anfing, mich „älter" zu fühlen (und unter anderem mit zunehmender Schwerhörigkeit und mit beginnender Vergesslichkeit zurechtkommen musste), attackierte mich eine neue Welle von Schmerzen. Einige Monate lang hatte ich starke Schmerzen in den Gelenken und Muskeln, denen mit normalen Schmerzmitteln nicht beizukommen war. Schließlich suchte ich Rat bei einem Chefarzt im Krankenhaus, der *rheumatische Polymyalgie* diagnostizierte. Zwei Möglichkeiten wurden mir unterbreitet: entweder nichts zu tun und die Situation in dem Wissen zu akzeptieren, dass die Schmerzen nach drei oder vier Jahren nachlassen würden, oder starke Steroide einzunehmen und die Nebenwirkungen zu akzeptieren. Ich war der vielen Schmerzen müde, deshalb fiel mir die Wahl leicht: so schnell wie möglich mit der Behandlung beginnen!

„Gut", meinte der Chefarzt, „Ich empfehle Ihrem Arzt eine Verschreibung. Sie können das Medikament in ein paar Tagen abholen, und am Tag darauf sollte es Ihnen erheblich besser gehen." Eine kurze Berechnung zeigte, dass das frühestens an einem Freitag geschehen würde, und Pat wandte ein: „Bitte, das ist zu spät!" Ich erklärte ihm, dass ich am Donnerstag einen wichtigen Termin hatte: die Zeremonie des *Maundy Money* der englischen Königin in der Kathedrale von Armagh (Nordirland). Mir lag wirklich daran, gesund genug sein, um daran teilzunehmen. „Okay", antwortete der Chefarzt, „dann geht es sofort los. Geben Sie dieses Rezept Ihrem Apotheker, und wenn wir die richtige Diagnose gestellt haben, werden Sie sich morgen wesentlich besser fühlen." Und tatsächlich! Es war wie ein Wunder. Zum ersten Mal seit Monaten verschwand der Schmerz, und ich konnte mich frei bewegen! Ich fühlte mich wie ein anderer Mensch. Ja, Gott war wirklich gut zu mir.

Als ich die vorangegangenen Monate überdachte und es mir bewusst wurde, wie Gott mich befähigt hatte, trotz der Schmerzen alle Termine (darunter einen im Ausland) wahrzunehmen, empfand ich sofort tiefe Freude. Gott hatte mir diesen Schmerz anvertraut, mich befähigt, mich nicht darüber zu beklagen, und zu seinem perfekten Zeitpunkt hatte er mir die nötige Erleichterung geschickt. Plötzlich konnte ich von Herzen sagen: „Gott ist gut – so gut", ohne erst den Blick zurück abwarten zu müssen.

Mir wurde klar, dass Gott mich durch eine weitere Phase meiner Reise hindurchgebracht hatte. Ist er nicht wunderbar? Er machte mir erneut deutlich, dass seine Gnade tatsächlich immer genügt. – Wenn ich ihm nur noch mehr vertrauen könnte!

## Epilog
# Fast am Ziel!

Seit etwa einem Jahr kommt mir immer häufiger der Gedanke, dass ich fast am Ziel bin. Ich bin Ende 80 und zunehmend vergesslich und schwerhörig, was mich vom Umgang mit anderen Menschen oft abschneidet. So wird es immer schwerer, Dinge „für lauter Freude zu halten", aber Gott weiß, dass ich jeder seiner Anweisungen gehorsam sein möchte.

In meinem jüngsten Buch *Enough* ist eigentlich alles gesagt: Er hat genug Gnade, um uns in jeder Weise zu versorgen; seine Liebe reicht aus, um jeden von uns zu umfangen. Ich war sicher, es war seine Gnade, die mich veranlasste, jedem seiner Gebote gehorchen zu wollen – und das schloss ein, „alles für Freude zu halten", mitsamt den Prüfungen und Schwierigkeiten des Lebens. Ich glaube, es war Billy Graham, der, als er älter wurde, sagte: „Wenn jemand Sie fragt, wie es Ihnen geht, fangen Sie nicht an, von all Ihren Beschwerden und Schmerzen zu erzählen, die man höchstwahrscheinlich gar nicht hören möchte. Sagen Sie einfach: Gott ist *gut!*" Ich fand das eine gute Art, mit dem Problem, „alles für Freude zu halten", umzugehen, und nahm seinen Rat an. Das begann auf alle Fälle, meine unmittelbare Reaktion auf unangenehme Situationen zu verändern. Aber es dauerte nicht lange, bis ich spürte, dass es wie ein Mantra wurde. Fast automatisch war meine Antwort: „Gott ist *gut.*“ Natürlich stimmte das – Gott *ist* gut, immer gut, unabhängig von meinen Gefühlen. Aber war es wirklich dasselbe wie die echte Erkenntnis, dass ich in wirklich jeder Situation „alles für Freude halten“ konnte?

Dann wurde ich gebeten, einen kurzen Empfehlungstext zu J. I. Packers Buch *Finishing Our Course with Joy* (Den Lauf mit Freude vollenden) zu schreiben. Ich wurde ganz neu zur Sehnsucht aufgefordert, *meinen* Lauf mit *Freude* zu vollenden. Wie gut Gott ist, dass er uns eine solche Aufforderung gibt und unser Herz mit der Sehnsucht füllt, das wirklich zu *tun*, nicht bloß darüber zu sprechen. Ja, ich glaube, ich bin fast am Ziel!

In meiner täglichen Bibellese standen im April 2014 bei der Vorbereitung auf Ostern die letzten drei Kapitel des Matthäusevangeliums auf meinem Plan. Ich war innerlich tief bewegt von Matthäus 26. Das Kapitel beginnt damit, dass die religiösen Führer der Zeit planen, Jesus in die Falle zu locken und zu töten. Der Abschnitt endet damit, dass einer seiner Jünger bereit ist, Jesus an diese Männer zu verkaufen. Zwischen beidem liegt die schöne Begebenheit mit der namenlosen Frau, die auf Jesus zukommt und ein Fläschchen mit sehr kostbarem Öl zur Salbung über seinem Haupt zerbricht. Sie gibt das *Beste,* was sie hat, aus Liebe zu ihm, um ihn als König zu ehren und ihn auf sein Begräbnis vorzubereiten – eine Ehre, die die römische Regierung ihm niemals gewährt hätte. Eine zweifellos extravagante Tat. Die Jünger halten es für eine Geldverschwendung, aber Jesus sieht es anders. Ihre Liebe fließt über, und er nennt ihre Tat „ein gutes Werk" (Matthäus 26,10).

Ich las dann in meinem Andachtsbuch die Erläuterungen zu Matthäus 26,1-16 von Bischof Graham Cray. Er legte dar, dass diese Salbung nicht „trotz seines bevorstehenden Todes, sondern im Hinblick auf seinen Tod" geschah. Bischof Cray verglich das, was Jesus kurz danach durch den Tod am Kreuz für uns tat, mit der extravaganten Liebestat, die diese Frau ihm erwiesen hatte. Mein Herz strömte über; am liebsten hätte ich dem geliebten Herrn zugerufen: „Oh, mein Herr Jesus, genau das möchte ich für dich tun! Ich möchte dir bis zum letzten Ende *alles* geben, auch das Allerbeste, um dir meine *Liebe* zu zeigen, der du dein Alles für mich gegeben hast. Ich möchte nichts zurückhalten. Und indem ich alles gebe, muss ich es wahrlich ‚für lauter Freude halten', dass du es mir tatsächlich erlaubst, ja, mich sogar einlädst, mein Alles zu geben."

Danke, liebster Herr.

## Nachwort

# Ein privilegiertes Leben

### Von Louis Sutton

Helen Roseveare ist am 7. Dezember 2016 im Alter von 91 Jahren zum Herrn heimgegangen. Bei ihrer Trauerfeier am 18. März 2017 hielt Louis Sutton, der internationale Direktor des WEC, folgende Ansprache zur Würdigung ihres Lebens – eines Lebens, in dem sie es als Privileg empfunden hatte, Jesus zu dienen und für ihn zu leiden. Ein passender Abschluss für dieses Buch!

„Wandelt nur würdig des Evangeliums des Christus, damit ich, sei es, dass ich komme und euch sehe oder abwesend bin, von euch höre, dass ihr fest steht in einem Geist und mit einer Seele zusammen für den Glauben des Evangeliums kämpft und euch in nichts von den Widersachern erschrecken lasst, was für sie ein Beweis des Verderbens ist, aber eures Heils, und das von Gott her! Denn euch ist es im Blick auf Christus geschenkt worden, nicht allein an ihn zu glauben, sondern auch für ihn zu leiden." (Philipper 1,27-29)

**Helens Wort**

Helen Roseveare sprach im Lauf ihres Lebens über viele Themen, erzählte viele Geschichten und griff auf viele Werke mehrfach zurück. Doch müsste man ein Wort auswählen, das zentral für ihr Leben war, ihr sehr viel bedeutete und auf das sie immer wieder zurückkam – welches Wort wäre das wohl (abgesehen natürlich von dem Wort „Jesus")?

Es besteht kein Zweifel, dass Dr. Pat uns die beste Antwort geben könnte. Aber ich denke, dass sowohl sie als auch viele von uns sagen würden, dass Helens Leben am besten mit dem Wort „Privileg" umschrieben werden kann.

Helen sprach mit einer gewissen Freude von einem Privileg. Wie man unschwer aus dem vorliegenden Buch erkennen kann, wurde ihr dieses Wort sehr wertvoll. Ihr Leben lang sprach sie von dem Privileg, Jesus zu dienen. Sie nannte es ein Privileg, Missionarin und Ärztin zu sein. Sie sprach von dem Privileg, denen das Evangelium von Jesus zu bringen, die die gute Nachricht noch nie gehört hatten.

Doch das Wort „Privileg" hatte für sie noch eine tiefere Bedeutung. Auch inmitten von Leid und Schmerz sprach sie von einem Privileg – nämlich dem Privileg, an den Leiden Jesu teilzuhaben.

In diesem Buch berichtet sie, wie sie während der Simba-Rebellion im Kongo von Rebellen-Soldaten gefangen genommen und zusammengeschlagen wurde; wie man ihr die Zähne ausschlug und sie vergewaltigte. Inmitten dieser schmerzvollen Erfahrungen, so erzählte sie, begegnete ihr der Herr. Sie sagte: „Inmitten dieser Finsternis und Einsamkeit, war er, Jesus, mir nahe ... In seiner Liebe gab er meinem bekümmerten Geist ein Wort ein. Das Wort war: ‚Privileg'. Er nahm den Schmerz nicht weg, nicht die Gewalt oder die Demütigung. Nein! Es war alles da. Aber es war vollkommen anders. Es war mit ihm, für ihn, in ihm."

Es war ein Privileg im tiefsten und umfassendsten Sinn.

Wenn wir an Helen Roseveare zurückdenken, möchte ich, dass wir auf die tiefe Wahrheit blicken, die Helen entdeckt hatte und die sie dazu befähigte, ein solches Privileg anzunehmen, und zwar im eigentlichen Sinn, in diesem umfassenden biblischen Sinn.

**Das Wort „Privileg"**

Gemeinhin verwenden wir das Wort „Privileg" auf sehr unterschiedliche Weise; manchmal in einem sehr oberflächlichen Sinn. Ich kann sagen: Es ist mir ein Privileg, heute Abend hier zu sein (bei Helens Trauerfeier). Ich kann sagen: Es mir ein Privileg, zum ersten Mal hier in Nordirland zu sein. Ich könnte sagen, es war ein Privileg, hier in Nordirland echtes *Fish and Chips* und Sahnekartoffeln zu essen! In diesen Fällen wird das Wort „Privileg" als Synonym für „eine nette Sache" verwendet.

Manchmal verstehen wir es aber auch in einem tieferen Sinn. Dann meinen wir damit so viel wie Ehre; etwas, das nicht jeder machen oder erleben darf. Für alle, die Helen persönlich kannten, ist es ein Privileg, heute hier zu sein – ebenso wie es ein Privileg war, sie live sprechen gehört zu haben.

Ganz sicher bedeutete es für mich und meine Frau Susan ein Privileg, Helen 1976 auf der *Urbana Conference* reden zu hören (einer alle drei Jahre stattfindenden Konferenz für Studenten in Amerika). Diese Konferenz veränderte unser Leben, und Helens Rede war ein Teil davon.

Helen stand dort auf der Bühne vor 17 000 Studenten. Wie so oft verwendete sie eine Requisite, eins ihrer Lieblingsstücke. Bei ihr auf der Bühne stand ein riesiger künstlicher Baum. Wann immer sie in ihrer Rede von den Herausforderungen ihres Lebens im Kongo sprach, von den Nöten und ihrem Versagen, dann pflückte sie ein Blatt oder brach einen Zweig ab; manchmal schälte sie sogar ein Stück Rinde ab. Am Ende blieb nur der einsame, polierte Rumpf übrig: der Stamm des Baumes.

Es war sehr eindrücklich, wie sie dann Jesaja 49,2-3 vorlas:

„Er hat meinen Mund wie ein scharfes Schwert gemacht, hält mich versteckt im Schatten seiner Hand. Und er hat mich zu einem geschärften Pfeil gemacht, hat mich verborgen in seinem Köcher. Und er sprach zu mir: Mein Knecht bist du, Israel, an dem ich mich verherrlichen werde."

Sie sprach davon, wie viel es kostet, seine Herrlichkeit zu verkünden. Dann sagte sie: „Rückblickend versucht man, die Kosten zu summieren, aber ich habe festgestellt, dass das Privileg alles überwiegt. Die Kosten erschienen mir auf einmal so klein und vergänglich – verglichen mit der Größe und der Beständigkeit des Privilegs."

Wir, die 17 000 Studenten, hatten Tränen in den weit aufgerissenen Augen, und uns erschienen die Kosten überhaupt nicht klein oder sehr vergänglich. Und doch: Irgendetwas in der Art, wie Helen sprach, führte dazu, dass Susan und ich uns nicht abschrecken ließen. Als am Ende Billy Graham nicht wie sonst zur Bekehrung aufrief, sondern dazu, unser Leben der Mission zu weihen, da standen Susan und ich zusammen mit Tausenden anderer Studenten auf, hoben die Hände und sagten: „Ja! Wir werden alles tun, überall hingehen – was immer du willst, Herr, um ein Teil deiner großen Liebe zu dieser Welt zu sein." Es war ein Privileg, in diesem Moment dort zu sein, als Gott durch Helen sprach.

Einige Jahre später trafen Susan und ich uns mit Helen im Hauptquartier von WEC Amerika auf einen Tee. Dabei sagte ich: „Das ist doch bestimmt eine wunderbare Gabe, so viele Menschen zur Mission zu bewegen." Mit glänzenden Augen erwiderte sie: „Ich glaube nicht, dass ich die Gabe habe, Menschen zur Mission zu bewegen. Ich habe wohl eher die Gabe, sie davon abzuhalten. Wenn Gott sie dann beruft, dann wissen sie, dass sie wirklich berufen sind." Für uns alle, die wir sie sprechen hörten, war es ein Privileg, ein Geschenk, eine Ehre, die nicht jedem zuteilwurde.

**Definition von „Privileg“**

Ich denke, die Begriffe „Geschenk“ und „Ehre“ gehören zu einer einfachen Definition von Privileg. So würde ich es formulieren: Ein Privileg ist das Geschenk (oder die Ehre), etwas Wertvolles zu tun, das nicht jeder tun kann.

Es ist im eigentlichen Sinn kein Privileg, etwas zu tun, was sowieso niemand tun möchte. Man versuche nur, Schülern das Hausaufgabenmachen als Privileg zu verkaufen! Es ist auch kein eigentliches Privileg, etwas zu tun, was sowieso jeder tut. Es wäre unangemessen zu sagen, dass Sie das Privileg haben, heute in diese Gemeinde zu kommen, um zu atmen. Ein Privileg ist vielmehr das Geschenk (oder die Erfahrung), etwas Wertvolles zu tun, das nicht jeder erlebt.

Ich denke, so hat auch Helen es verstanden. Doch sie verstand es auch noch in einem tieferen, umfassenderen Sinn – im tiefsten biblischen Sinn. Helen hat das verstanden. Der Apostel Paulus hat es verstanden. Die mazedonischen Gemeinden aus 2. Korinther 8 haben es auch verstanden.

Paulus beschreibt diese Mazedonier so: „... dass bei großer Bewährung in Bedrängnis sich der Überschwang ihrer Freude und ihre tiefe Armut als überreich erwiesen haben in dem Reichtum ihrer Aufrichtigkeit im Geben ... und [sie] baten uns mit vielem Zureden um die Gnade und die Beteiligung am Dienst für die Heiligen“ (2. Korinther 8,2.4).

Die Mehrheit von uns würde im Angesicht großer Armut das Geben an andere nicht als ein Privileg betrachten. Die meisten von uns würden nicht von einem Privileg sprechen, wenn sie zusammengeschlagen und vergewaltigt werden. Helen schon. Paulus auch. Und die Mazedonier auch.

Aber wie kann das sein? Was befähigte sie dazu, solche schlimmen Dinge als Privileg anzusehen und sie für Freude zu halten?

Wie wir gesagt haben, bedeutet ein Privileg, etwas Wertvolles zu tun. Ich denke, Sie werden mir zustimmen, dass der Wert dieses „Etwas" vergrößert werden kann, wenn es in Zusammenhang mit etwas Größerem steht oder dazu beiträgt. Es vergrößert sich so sehr, dass es zu einem übergeordneten Ziel beiträgt.

Lassen Sie mich das veranschaulichen. Wie Helen war auch ich als Arzt und Missionar in Afrika. Genau wie sie mussten auch wir uns daran gewöhnen, ohne Strom zu arbeiten. Einmal musste ich im Tschad eine Operation, einen Kaiserschnitt, durchführen. Sie fand nachts statt, und für Strom waren wir von einem Generator abhängig. Aber dann versagte der Generator, alles versank im Dunkeln, und das Ergebnis der Operation war gefährdet. Ein junger Krankenpfleger griff sich eine Taschenlampe und hielt sie die ganze restliche OP über hoch. Er lächelte. Für ihn war diese Aufgabe ein Privileg: das Privileg, Teil von etwas Größerem zu sein, etwas, das größer war als er selbst. Er hatte keine besondere Aufgabe – er hielt einfach nur die Taschenlampe. Und doch wurde diese kleine Tat bedeutend, weil sie zu einem übergeordneten Ziel beitrug: die sichere Geburt eines Kindes zu gewährleisten.

Je größer das Ziel, umso eher werden die Dinge zu einem Privileg, die zu diesem Ziel hinführen.

**Schlüssel 1: Ein herrliches Ziel**

Der erste Schlüssel zu Helens umfassendem Verständnis des Begriffes „Privileg" ist, dass sie auf ein herrliches Ziel hinarbeitete. Sie wollte Christus zeigen, dass sie ihn liebte, und der Welt zeigen, dass Jesus dieser Liebe wert war. Was auch immer ihr im Leben zustieß, Helen wollte des Evangeliums Christi würdig leben.

Dieses Ziel ähnelt Paulus' Sehnsucht für die Philipper. In Philipper 1,27 bittet er sie inständig: „Wandelt nur würdig des Evangeliums des Christus." Paulus wollte, dass die Philipper den Wert Christi widerspiegelten und demonstrierten, dass Christus der Liebe und des Vertrauens wert ist.

Helen sehnte sich danach,

- Menschen, die das Evangelium noch nie gehört hatten,
- den Menschen im Kongo und
- ihrem weltweiten Publikum

zu zeigen, dass Christus es wert ist. Das ist ein herrliches Ziel.

Bei WEC haben wir ein wunderbares Motto, das dem Ziel Helens sehr nahekommt. Erstaunlicherweise versteckt es sich in unserer Finanzrichtlinie. Doch es ist sehr bedeutsam, und ich liebe diese Formulierung: „Christus ist unseres absoluten Vertrauens würdig." Das ist immer wahr. Selbst, wenn ich Zweifel habe und ihm vielleicht nicht in allen Momenten vollkommen vertraue, ist er immer unseres absoluten Vertrauens würdig.

Helen verfolgte solch ein Ziel, ein herrliches Ziel – die Welt wissen zu lassen, dass Christus unseres absoluten Vertrauens würdig ist. Sie gab sich nicht mit geringfügigeren Zielen wie Karriere oder finanzieller Sicherheit zufrieden. Ihr Ziel bestand nicht in ihren Bedürfnissen, in ihrem Ansehen oder in ihr selbst. Sie arbeitete auf dieses höhere Ziel hin. Daher ging alles, was zu diesem Ziel betrug – egal, wie viel es kostete oder wie viele Opfer es erforderte –, in diesem Privileg auf.

Sie war wie David Livingstone, einem anderen berühmten britischen Missionarsarzt in Afrika. Gegen Ende seines Lebens wurde er gefragt, wie er nur so viele Opfer bringen konnte. Er soll geantwortet haben: „Ich habe kein einziges Opfer gebracht. Wie könnte ich es Opfer nennen, wenn andere Männer, die geringeren Königen dienen, es ein Privileg nennen?"

**Schlüssel 2: Ein Geschenk der Gnade**

Der erste Schlüssel zu Helens umfassenden Verständnis des Begriffes „Privileg“ war das herrliche Ziel. Der zweite Schlüssel war ihre Überzeugung, dass sie ein Geschenk der Gnade erhalten hatte.

Wenn Kleinigkeiten (wie das kleine Geschenk, eine Taschenlampe halten zu dürfen) Privilegien sein können, weil sie zu einem herrlichen Ziel beitragen, wie viel mehr kann dann eine bedeutende und weitreichende Tat ein Privileg sein, wenn sie dem größeren Ziel dient? Vielleicht ist das das größte aller Privilegien: etwas tun zu dürfen, das auf tiefgreifende und umfassende Weise zu dem einen Ziel beiträgt zu zeigen, dass Christus unser absolutes Vertrauen verdient.

Manchmal erhalten wir ein Privileg, ein gewisses Geschenk, das zutiefst zeigt, wie würdig Christus ist. Auch Helen hatte so ein „Geschenk“ erhalten. Davon spricht Paulus im Philipperbrief.

Er beginnt mit seiner Sehnsucht für die Philipper: „Wandelt nur würdig des Evangeliums des Christus.“ Er fordert sie heraus, ein herrliches Ziel anzustreben – nämlich zu zeigen, dass Christus würdig ist.

In Philipper 1,28 spricht er dann von einem Beweis: „... was für sie ein Beweis ... ist“ (wir kommen gleich dazu, worauf er sich hier bezieht). Für wen ist es ein Beweis? Für die Nichtgläubigen. Wie es weiter im Vers heißt, ist es für sie „ein Beweis des Verderbens ..., aber eures Heils“. Ein sehr machtvoller Beweis! Ein Beweis, der die Finsternis durchdringt.

Wir, die wir unter den unerreichten Völkern dieser Erde arbeiten – unter Menschen, die von verschiedenen Religionen und dem Feind in die Irre geführt wurden –, fragen uns oft, was es braucht, um eine solche Blindheit zu durchdringen. Hier sehen wir es! Paulus spricht von einem machtvollen Beweis, der die geistliche Finsternis der Nichtgläubigen durchdringt.

In Vers 29 fährt Paulus schließlich fort: „Denn euch ist es im Blick auf Christus geschenkt worden, nicht allein an ihn zu glauben, sondern auch für ihn zu leiden." Der Ausdruck „geschenkt worden" ist hier wörtlich aus dem Griechischen übersetzt worden (in anderen Übersetzungen heißt es: „die Gnade verliehen", „gegeben", „das Vorrecht haben"). Es ist ein Geschenk. Gott ist euch Nachfolgern Christi gnädig gewesen, sagt Paulus. Er hat euch ein „Geschenk der Gnade" gemacht.

Und was genau ist dieses Geschenk? Dieser Beweis? Paulus sagt, er bestehe eben darin, dass ihnen zuteilwurde, „nicht allein an ihn zu glauben, sondern auch für ihn zu leiden". Das ist es. Das Privileg, das Geschenk der Gnade – ja, der machtvolle Beweis, der die Finsternis durchdringt – besteht darin, zu glauben und zu leiden. Beides zugleich. Es ist nicht nur der Glaube. Es ist nicht nur das Leid. Das Geschenk besteht darin, sowohl zu glauben als auch zu leiden; in der Lage zu sein, auch im Leid zu glauben und zu vertrauen.

Gott machte Helen Roseveare ein Geschenk der Gnade – das Geschenk des Leidens. Doch sie hat nicht nur das Leiden geschenkt bekommen, sondern außerdem die Gabe, mitten im Leid zu glauben und zu vertrauen. Sie hatte beides zugleich ... im selben Geschenk.

Wie reagiere ich darauf? Ich denke, wenn Gott mir dieselben Umstände dieses kombinierten Geschenkes anbieten würde, würde ich wohl nur beim ersten Teil zugreifen – wo es um den Glauben geht! Vielleicht würde ich es so ausdrücken: „Ich will ja nicht zu gierig sein. Ich nehme nur das halbe Geschenk. Du kannst die andere Hälfte, das Leiden, jemand anderem geben!" Ich würde im Grunde wohl denken: „Ich glaube an die guten Zeiten, an Wohlstand, an Segen und lasse alles das darauf hinweisen, dass Christus würdig ist. Sicherlich kann man das inmitten von lauter Segen tun ...?"

Doch es gibt ein tiefergehendes Privileg und ein umfassenderes Geschenk. Gott gibt es nicht jedem, zumindest nicht im selben Ausmaß. Und doch gibt es dieses Geschenk des Leidens und des Glaubens. Das ist das Geschenk der Gnade, das Helen erhalten hatte. Und sie nannte es ein Privileg, weil es umso mehr zu ihrem herrlichen Ziel beitrug.

Wie ist das möglich? Wenn man inmitten des Leides glauben kann ... Wenn man im Leiden vertrauen kann ... Wenn man Sachen verloren hat, sogar bedeutende Sachen, und doch eine gewisse Freude und ein Vertrauen zurückbehält ... Dann muss das wohl bedeuten, dass man etwas von größerem Wert besitzt, das bleibt. Es deutet auf Christus hin – und dass Christus unseres Vertrauens absolut würdig ist.

Das ist ein machtvoller Beweis. Und für Helen war es ein Privileg. Dieses „Geschenk der Gnade", das Geschenk des Leidens und Glaubens, trug zum Erreichen ihres „herrlichen Ziels" bei. Und daher nannte sie es ein Privileg.

**Das Privileg des Leidens und des Glaubens**

Helen Roseveare begriff ihr Leben als Privileg – im umfassenden Sinn. Sie war fasziniert von dem herrlichen Ziel. Deswegen

- sollte Jesus wissen, wie sehr sie ihn liebte,
- wollte sie, dass Jesus erhoben und verherrlicht wird,
- wollte sie Menschen, die nie von Christus gehört hatten, deutlich machen, dass er unseres absoluten Vertrauens würdig ist,
- wollte sie uns – Ihnen und mir, die wir sie kannten und ihre Bücher gelesen und ihre Vorträge gehört haben – deutlich machen, dass Christus würdig ist.

Um dieses herrliche Ziel zu erreichen, erhielt sie ein Geschenk der Gnade – das Geschenk des

Leidens und des Glaubens. Beides zugleich. Sie hat gelitten. Ihre „Zweige“ wurden einer nach dem anderen abgebrochen. Ihre rauen Stellen wurden abgeschliffen. Doch dessen ungeachtet glaubte sie trotzdem und vertraute inständig darauf, dass all das zum Guten diente. Sie verstand, dass Gott aus ihr einen polierten Pfeil für seinen Köcher zubereitete und dass durch sie seine Herrlichkeit sichtbar werden sollte.

Mögen auch wir auf dieses herrliche Ziel hinarbeiten und dem Druck der Welt standhalten, uns den weniger bedeutenden Zielen des eigenen Ichs und des Erfolgs, wie die Welt ihn definiert, zuzuwenden. Mögen wir auf etwas hinarbeiten, das größer ist als wir selbst.

Wenn wir auf ein solch herrliches Ziel hinarbeiten, bekommen wir vielleicht auch ein Geschenk, ein Geschenk der Gnade, wie Helen es bekam: das Geschenk des Leidens und des Glaubens. Und dann, wenn wir Jesus in unserem Leid vertrauen, wird das zu einem machtvollen Beweis dafür, dass Christus unseres absoluten Vertrauens würdig ist. Und das können wir als Privileg ansehen.

Becky und Tim Keep
**Augen zu sehen**
Gb., 164 S.
12,2 x 18,7 cm
Best.-Nr. 271 486
ISBN 978-3-86353-486-8

Der dreijährige Jesse erblindet aufgrund eines Tumors im Auge. Seine Eltern schildern eindrücklich, wie sie in allem Leid Gott ganz real erleben, aber auch, welche Kämpfe sie durchzustehen haben. Ein Buch, das den Glauben an einen guten Gott stärkt.

Irmgard Grunwald
**Meine Seele hat Flügel**
Gb., 176 S.
10,9 x 17 cm
Best.-Nr. 271 533
ISBN 978-3-86353-533-9

Die Autorin erlebte trotz ihrer langjährigen Erkrankung (ALS) jeden Tag die Liebe und Fürsorge Gottes. So verzweifelte sie nicht, sondern blickte sogar mit Humor auf ihren Alltag, an dem sie den Leser in ihren mal amüsanten, mal nachdenklich stimmenden Kolumnen teilhaben lässt.